Brigitte J
(450) 6

Les conflits chez les enfants

Catalogage avant publication de Bibliothèque et Archives nationales du Québec et Bibliothèque et Archives Canada

Thériault, Chantal

Les conflits chez les enfants

2e édition

(Collection Psychologie)

ISBN 978-2-7640-1686-2

1. Conflit interpersonnel chez l'enfant. 2. Enfants – Psychologie. 3. Gestion des conflits. I. Titre. II. Collection: Collection Psychologie (Éditions Quebecor).

BF723.I645T43 2011 155.4'18 C2010-942429-8

Une compagnie de Quebecor Media
7, chemin Bates
Montréal (Québec) Canada
H2V 4V7

Dépôt légal: 2011
Bibliothèque et Archives nationales du Québec

Pour en savoir davantage sur nos publications, visitez notre site: www.quebecoreditions.com

Éditeur: Jacques Simard
Conception de la couverture: Bernard Langlois
Illustration de la couverture: GettyImages
Conception graphique: Sandra Laforest
Infographie: Claude Bergeron

Imprimé au Canada

Gouvernement du Québec – Programme de crédit d'impôt pour l'édition de livres – Gestion SODEC.

L'Éditeur bénéficie du soutien de la Société de développement des entreprises culturelles du Québec pour son programme d'édition.

Nous reconnaissons l'aide financière du gouvernement du Canada par l'entremise du Fonds du livre du Canada pour nos activités d'édition.

DISTRIBUTEURS EXCLUSIFS:

- Pour le Canada et les États-Unis:
MESSAGERIES ADP*
2315, rue de la Province
Longueuil, Québec J4G 1G4
Tél.: (450) 640-1237
Télécopieur: (450) 674-6237
* une division du Groupe Sogides inc., filiale du Groupe Livre Quebecor Média inc.

- Pour la France et les autres pays:
INTERFORUM editis
Immeuble Paryseine, 3, Allée de la Seine
94854 Ivry CEDEX
Tél.: 33 (0) 4 49 59 11 56/91
Télécopieur: 33 (0) 1 49 59 11 33

Service commande France Métropolitaine
Tél.: 33 (0) 2 38 32 71 00
Télécopieur: 33 (0) 2 38 32 71 28
Internet: www.interforum.fr

Service commandes Export – DOM-TOM
Télécopieur: 33 (0) 2 38 32 78 86
Internet: www.interforum.fr
Courriel: cdes-export@interforum.fr

- Pour la Suisse:
INTERFORUM editis SUISSE
Case postale 69 – CH 1701 Fribourg – Suisse
Tél.: 41 (0) 26 460 80 60
Télécopieur: 41 (0) 26 460 80 68
Internet: www.interforumsuisse.ch
Courriel: office@interforumsuisse.ch

Distributeur: OLF S.A.
ZI. 3, Corminboeuf
Case postale 1061 – CH 1701 Fribourg – Suisse

Commandes: Tél.: 41 (0) 26 467 53 33
Télécopieur: 41 (0) 26 467 54 66
Internet: www.olf.ch
Courriel: information@olf.ch

- Pour la Belgique et le Luxembourg:
INTERFORUM BENELUX S.A.
Fond Jean-Pâques, 6
B-1348 Louvain-La-Neuve
Tél.: 00 32 10 42 03 20
Télécopieur: 00 32 10 41 20 24

Chantal Thériault, Ps. Éd.

Les conflits chez les enfants

Programme d'interventions pour favoriser l'acquisition de **l'autonomie**

2e édition

LES ÉDITIONS
Quebecor
Une compagnie de Quebecor Media

À mes enfants, Danyk et Audrey,
À ma mère.

À tous les parents
et aux gens qui travaillent auprès des enfants.

Avant-propos

Les enfants sont en apprentissage dans tous les domaines, et particulièrement dans celui des relations sociales et des émotions. Les adultes qui interviennent auprès d'eux oublient parfois de leur enseigner les éléments de base pour gérer les conflits, ou ils n'y pensent que quand ceux-ci font leur apparition. Par ailleurs, une des difficultés que nous vivons en tant qu'adultes est de considérer le niveau de compréhension de l'enfant en fonction de son niveau de développement.

Les conflits chez les enfants présente un programme d'intervention qui vise à développer chez les petits la capacité de gérer leurs conflits de façon autonome. Il comporte différents ateliers de réflexion au cours desquels l'adulte devrait accompagner l'enfant dans son cheminement en approfondissant les discussions et en y ajoutant des activités complémentaires. Comme tout programme, celui-ci ne prétend pas à lui seul être capable d'atteindre le but visé.

Introduction

Pour aider et accompagner les enfants dans la gestion de leurs conflits, il est important de connaître et de comprendre certaines caractéristiques particulières de leur développement et de bien situer notre rôle et nos actions auprès d'eux.

Dans la première partie de cet ouvrage, j'explique donc le but de nos actions en tant qu'adultes, comment se fait l'apprentissage chez l'enfant et comment celui-ci se développe. À la fin de chacun des chapitres, des liens sont faits entre les éléments théoriques et la gestion des conflits.

La seconde partie comprend la présentation d'un programme qui décrit des activités et des interventions visant à aider l'enfant à gérer ses conflits de façon autonome.

PREMIÈRE PARTIE

Chapitre 1

Le but ultime en éducation

L'éducation des enfants est une action partagée entre les parents ou le titulaire de l'autorité parentale, les éducateurs, les enseignants et les intervenants. Bref, elle est le fruit de l'ensemble des petits gestes faits par toutes les personnes qui gravitent autour de la vie de l'enfant. Mais qu'y a-t-il derrière toutes ces actions ? Quel est notre but premier en éducation ?

Développer leur autonomie

Notre but ultime en travaillant auprès des enfants est de les amener à être capables de reconnaître seuls leurs besoins et, par la suite, de pouvoir y répondre par eux-mêmes. L'objectif des parents est que leurs enfants deviennent des adultes menant une vie équilibrée, socialement acceptable, et qu'ils poursuivent des études ou se trouvent un travail convenable pour subvenir seuls à leurs besoins.

Nous pouvons ainsi affirmer qu'élever des enfants a pour but de les amener à devenir autonomes. L'autonomie est une compétence complexe, difficilement mesurable et composée de plusieurs petites actions. Le niveau d'autonomie acceptable pour un parent ou un intervenant dépendra de ses attentes envers l'enfant, des particularités de ce dernier, de son niveau de développement et du contexte.

Être autonome, c'est être capable de reconnaître ses besoins et d'y répondre de façon appropriée. L'autonomie est en constante évolution, donc variable dans le temps. Elle est le but des apprentissages dans tous les domaines. Que l'enfant exerce un sport ou apprenne les mathématiques, le but est le même : devenir autonome, donc capable de le faire par lui-même.

Nous pouvons distinguer cinq formes d'autonomie en lien avec les différentes sphères de développement : l'autonomie sociale, l'autonomie affective, l'autonomie motrice, l'autonomie cognitive et l'autonomie morale. Il faut être conscient que les objectifs de chacune se développeront tout au long de la vie et que ce qui peut varier, c'est seulement le niveau d'atteinte.

- *L'autonomie sociale :* l'enfant est capable d'utiliser ses compétences sociales pour établir des relations saines avec son entourage.
- *L'autonomie affective :* l'enfant est capable de reconnaître ses émotions et de les gérer pour établir des relations saines avec son entourage.
- *L'autonomie motrice :* l'enfant est capable d'effectuer les mouvements nécessaires pour accomplir seul des actions.
- *L'autonomie cognitive :* l'enfant est capable d'utiliser son potentiel cognitif pour réfléchir par lui-même.

- *L'autonomie morale:* l'enfant est capable de distinguer le bien du mal et d'agir en connaissant les conséquences de ses actions.

Ces formes d'autonomie sont intimement interreliées, l'une dépendant de l'autre, et il est difficile de déterminer laquelle doit être développée en premier. L'autonomie doit ainsi être vue comme un tout, un but, et comme l'arrière-plan dans toutes nos actions auprès des enfants. Le développement de l'autonomie est ce qui permettra à l'enfant de grandir et de devenir un adulte capable de fonctionner seul en société tout en respectant les normes en vigueur. Ainsi, en tant que parents, enseignants, éducateurs ou intervenants travaillant auprès des enfants, la compréhension de ce processus nous permet, d'une part, d'aborder l'éducation d'une tout autre façon et, d'autre part, d'orienter nos actions vers une approche beaucoup plus positive.

Lien avec la gestion de conflits

Pour apprendre aux enfants à gérer leurs conflits, nous devons avoir comme toile de fond de nos interventions le développement de leur autonomie. Ainsi, quand nous intervenons auprès d'eux en situation de conflit, il faut garder à l'esprit que ce que nous souhaitons, c'est qu'ils soient capables de résoudre leurs conflits seuls.

Il faut donc essayer de cibler quel élément parmi les étapes d'une résolution de conflit nous devons leur apprendre. Ces étapes, décrites un peu plus loin dans le livre, pourront servir de guide dans les objectifs d'apprentissage à travailler avec les petits.

Aider les enfants à gérer leurs conflits seuls constitue un riche héritage à leur léguer puisque cette compétence les aidera toute leur vie et préviendra par le fait même certains problèmes tels que ceux liés à la violence, au crime, etc.

Chapitre 2

Les facteurs favorisant le développement de l'autonomie

Pour que l'enfant puisse développer son autonomie, plusieurs facteurs doivent être présents. Voici les quatre facteurs essentiels.

1. L'enfant doit avoir acquis la maturité physique, cognitive et affective.

   Selon son âge et son niveau de développement, l'enfant développe certaines habiletés. Cette capacité à faire ou non des choses est due à la maturité.

   - *La maturité physique:* les muscles du corps, les cellules, le cerveau et les connexions nerveuses sont suffisamment développés pour permettre à l'enfant d'effectuer certains mouvements spécifiques.

- *La maturité cognitive:* l'enfant a acquis les connaissances nécessaires pour comprendre certains concepts et effectuer certaines habiletés spécifiques.
- *La maturité affective:* l'enfant a acquis la capacité de reconnaître et de gérer ses émotions.

2. L'environnement doit être sécuritaire et adapté au niveau de développement de l'enfant.

   Les caractéristiques de l'environnement dans lequel se développe l'enfant doivent être adaptées à son niveau de développement afin qu'il soit en mesure de reconnaître et de répondre à ses besoins avec le minimum d'aide. Par exemple, pour l'enfant qui est capable de reconnaître son besoin d'aller à la toilette, le fait de pouvoir s'y rendre seul favorisera le développement de son autonomie dans cette action.

3. Les défis doivent être ajustés au niveau de l'enfant.

   Quand le défi est trop grand, l'enfant ne se sent pas compétent et se décourage. Si le défi n'est pas assez relevé, il n'est pas motivé. Il faut donc trouver le juste équilibre, découvrir un défi adapté pour favoriser son estime de soi et le développement de son autonomie.

4. Les adultes gravitant autour de l'enfant doivent adopter une approche positive.

   Les adultes qui interviennent auprès de l'enfant doivent favoriser une approche qui met loin derrière les procédures punitives et qui s'oriente davantage vers l'apprentissage et l'application de conséquences logiques à ses gestes. Nos actions doivent viser l'enseignement d'habiletés.

   Ce que nous souhaitons, c'est de voir les enfants devenir des adultes capables d'effectuer des choix éclairés, de subvenir à leurs besoins, de travailler, d'étudier et de jouer un rôle actif dans la société. Pour cela, ils ont besoin que les adultes les accompagnent dans l'apprentissage des habiletés nécessaires pour qu'ils soient autonomes.

Lien avec la gestion de conflits

Quand nous accompagnons les enfants dans l'apprentissage de la gestion de conflits de façon autonome, il faut garder à l'esprit les quatre facteurs décrits précédemment.

1. L'enfant doit avoir acquis la maturité physique, cognitive et affective

Tenir compte du niveau de développement de l'enfant est essentiel. Voici donc un bref résumé des différentes caractéristiques développementales chez les enfants de 2 à 12 ans, inspiré des théories d'Erikson et de Piaget.

Erikson est un disciple de Freud. À partir de la théorie psychosexuelle du grand psychanalyste, il a élaboré sa propre théorie qui comporte huit stades de développement de l'individu allant de la naissance à la mort. Erickson explique qu'à chaque stade survient une crise qui doit se résoudre pour maintenir l'équilibre, sans quoi le stade suivant risque d'être plus difficile.

Piaget est un grand théoricien de l'approche cognitive. Selon lui, la tendance innée à s'adapter à l'environnement est le cœur de l'intelligence. Il a déterminé quatre stades de développement cognitif.

Les enfants de 2 à 5 ans

L'enfant développe sa personnalité. Il sait qu'il est un individu à part entière et affirme ses besoins et ses choix. Son imagination fonctionne au maximum : c'est l'âge des princesses, des potions magiques, etc.

Selon Erikson, l'enfant de cet âge passe à travers deux crises, la 2e et la 3e, la 1re ayant été vécue avant cette période.

- 2e crise : l'autonomie en opposition avec la honte et le doute.

  Âge : de 18 mois à 3 ans.

  Caractéristiques : l'enfant cherche à s'affirmer, mais prend aussi conscience de ses limites. La dépendance qui persiste toujours par rapport à ses parents le fait douter de sa capacité d'être autonome. C'est l'âge terrible du deux ans, qui constitue une manifestation tout à fait normale du désir d'autonomie. C'est aussi la période du négativisme, la phase du *non*, où l'enfant exprime son besoin d'indépendance en s'opposant à tout ce qu'on lui demande de faire.

- 3e crise : l'initiative et la culpabilité.

  Âge : de 3 à 6 ans.

  Caractéristiques : l'enfant prend des initiatives, mais a besoin d'approbation, sinon il se sent coupable. Il est confronté à un dilemme : il peut et veut faire des choses, mais il s'aperçoit que ses exploits ne sont pas toujours convenables et encouragés.

  Selon Piaget, l'enfant de cet âge se situe au 2e stade de son développement cognitif.

- 2e stade : préopératoire.

  Âge : de 2 à 6 ans.

  Caractéristiques : l'enfant est en quête de découvertes. La pensée symbolique, c'est-à-dire la capacité de se représenter mentalement des objets ou des situations et de leur donner un sens, caractérise particulièrement ce stade. Les jeux imaginaires sont la manifestation de ce concept cognitif. L'enfant a des raisonnements intuitifs qui l'amènent souvent à tirer des conclusions illogiques.

  À ce stade, l'enfant n'est pas capable d'irréversibilité : les limites de sa pensée l'empêchent de comprendre qu'une opération sur un objet peut être faite en sens inverse pour revenir à l'état initial de l'objet. Il n'a pas compris non plus le concept de conservation, selon lequel deux objets de mêmes dimensions demeurent égaux malgré une transformation apparente, dans la forme par exemple.

  L'enfant de cet âge est centré sur lui-même et tout le monde tourne autour de ses propres actions. Par exemple, il pense que, lorsqu'il dort, tout dort. Il ne peut décrire une situation selon les perceptions des autres. C'est ce qu'on appelle l'égocentrisme, à ne pas confondre avec l'égoïsme. Ceci explique pourquoi il n'est pas capable d'empathie, c'est-à-dire de se mettre à la place de l'autre.

Les enfants de 6 à 12 ans

L'enfant de cet âge apprend à raisonner et à saisir les principes du monde dans lequel il vit. Il conteste les règles pour les comprendre. L'enfant veut aussi que justice soit faite. Une fois qu'il a compris les règles, il y obéit assez bien, mais veut que leur application soit universelle : il ne comprend pas encore les distinctions et les exceptions.

Selon Erikson, l'enfant de cet âge vit une nouvelle crise.

- 4e crise : le travail et l'infériorité.

  Âge : de 6 à 12 ans.

  Caractéristiques : c'est une période de calme affectif pendant laquelle l'enfant peut se concentrer davantage sur l'école et maîtriser les compétences requises. La 4e crise l'amène à développer certaines compétences, cet apprentissage favorisant une meilleure estime de lui. Il acquiert un sentiment de compétence, soit l'impression de pouvoir accomplir des tâches. Pour développer ce sentiment, l'enfant de cet âge se compare beaucoup à ses pairs. S'il se sent incompétent, il vivra un sentiment d'infériorité.

  Selon Piaget, l'enfant de cet âge passe à un nouveau stade de son développement cognitif.

- 3e stade : la pensée opératoire concrète.

  Âge : de 6 à 11 ans.

  Caractéristiques : l'enfant est capable d'exécuter des activités mentales. Il accède à une pensée logique (mais non abstraite) au regard des situations présentes et concrètes. Il devient plus habile à classer, à manipuler les nombres, à comprendre les concepts d'espace et de temps et à distinguer la réalité de la fiction. Il est beaucoup moins égocentrique, il peut tenir compte de plusieurs points de vue.

  Toujours selon Piaget, vers 12 ans, l'enfant arrive au stade des opérations formelles où il est capable désormais de comprendre et de s'imaginer mentalement les concepts abstraits. Il pourra alors procéder de façon hypothético-déductive.

Cette description des caractéristiques des enfants de 2 à 12 ans aide à comprendre pourquoi ils agissent principalement en fonction de leurs besoins et pourquoi ils ne comprennent pas le sens des mots abstraits tels que ceux utilisés dans le domaine des émotions et des compétences sociales : ils n'ont pas atteint la maturité nécessaire. Il est important de préciser toutefois que ce n'est pas une raison pour éviter de recourir à certains termes. La compréhension des caractéristiques développementales des enfants devrait surtout nous guider dans le style d'intervention à adopter auprès d'eux.

Nous devrions donc, pour les aider, utiliser des points de référence concrets pour expliquer les concepts abstraits. Dire à un enfant de 6 ans : « Respecte ton ami » n'a pas la même signification que pour l'adulte qui a un bagage d'expériences bien plus complexes en lien avec le mot *respect*. L'enfant donnera à cette consigne la signification de ce qu'il aura vu ou entendu tout en la déformant avec sa pensée magique. Prenons l'exemple d'un enfant à qui la mère a dit : « Respecte donc ton frère » alors qu'il lui donnait un coup de poing. À son âge, la seule signification « logique » du mot *respecter* sera de ne pas donner un coup de poing. Il pourra donc crier dans les oreilles des autres sans savoir qu'il ne les respecte pas.

2. L'environnement doit être sécuritaire et adapté au niveau de développement de l'enfant

L'environnement doit offrir à l'enfant l'occasion de gérer ses conflits de façon saine. L'aménagement joue aussi un rôle déterminant dans l'apparition des conflits. Voici quelques facteurs importants.

- *La présence du bruit :* le bruit crée un stress favorisant l'apparition de conflits.
- *Le manque d'espace :* nous avons tous notre bulle qui constitue notre espace vital. Quand nous avons l'impression que les autres y entrent, cela peut provoquer des conflits.

- *Un trop grand nombre d'enfants, les classes ou les groupes d'enfants trop nombreux:* la présence d'un grand nombre de personnes autour de nous crée un stress qui favorise l'apparition des conflits. Comme les enfants ont besoin que l'adulte les accompagne dans la gestion et la résolution de leurs conflits, celui-ci doit être disponible. Avec des ratios trop élevés, il ne pourra pas jouer pleinement ce rôle.
- *Un espace trop ouvert ou trop fermé:* il est difficile de déterminer exactement ce que signifie trop ouvert ou trop fermé. Il n'y a rien comme l'observation pour déterminer cet aspect.
- *L'emplacement du matériel:* les meubles et les objets laissant aux enfants l'occasion de se cacher à l'abri du regard des adultes pourront favoriser l'apparition de conflits.

3. Les défis doivent être ajustés au niveau de l'enfant

En accompagnant les enfants dans la gestion de leurs conflits, il est important de tenir compte de l'individualité de chacun. Les défis que cette gestion leur présente doivent être adaptés à leur niveau de développement.

4. Les adultes gravitant autour de l'enfant doivent adopter une approche positive

Il est essentiel que l'adulte connaisse et saisisse les caractéristiques développementales des enfants et qu'il comprenne le processus d'apprentissage. Il doit adopter une attitude positive pour obtenir des résultats positifs. L'adulte doit aussi développer des habiletés extraordinaires d'observation qui lui permettront d'anticiper certaines situations conflictuelles et d'intervenir à la base de celles-ci. Finalement, n'oublions pas que rien ne vaut la prévention pour mieux guider les enfants: toute activité qui favorise le développement de leur autonomie, de leur estime de soi et l'expression de leurs émotions constitue une activité de prévention à ne pas négliger.

Chapitre 3

L'origine des mots : une base pour mieux comprendre

Pour comprendre le sens profond de nos actions éducatives, il est utile de s'arrêter quelques instants sur l'origine de certains mots clés tels que *apprentissage, autonomie et éduquer* à partir de leurs racines latines et grecques.

Apprentissage vient de *apprentis* et de *sage* qui tirent leurs origines du vocabulaire latin.

Apprentis vient du mot *apprenditum*, de *apprendere*, qui signifie « apprendre ».

Sage vient du mot *sapius* qui signifie « du goût, de la raison, qui sait, qui connaît ».

Autonomie vient du mot grec *autonomos* qui signifie « qui se régit par ses propres lois ».

Éduquer vient du mot latin *educare* qui signifie « nourrir, avoir soin ».

Ainsi, il est possible de dire que nous éduquons les enfants pour leur apprendre à connaître afin qu'ils soient capables de se régir par leurs propres lois. En gardant en tête cette réflexion, nous pourrons mieux situer notre rôle auprès d'eux.

Lien avec la gestion de conflits

Les enfants sont en apprentissage. Nous devons donc leur montrer ce qu'ils doivent savoir sans négliger l'importance de prendre soin d'eux. À la base, il faut donc créer un lien significatif de confiance et de respect pour ensuite déterminer de quelles connaissances ils ont besoin pour être capables de gérer leurs conflits seuls.

Exercice

Selon vous, quelles sont les connaissances que l'enfant doit maîtriser pour être capable de gérer ses conflits ?

La liste est longue, plusieurs connaissances sont à la base de la gestion de conflits. Pensons seulement aux guerres entre les pays et demandons-nous quelles connaissances ils n'ont pas encore acquises…

Chapitre 4

Comment se fait l'apprentissage

L'apprentissage, peu importe le domaine, se fait en trois étapes cruciales.

1. Connaître et comprendre

   L'enfant a besoin d'explications pour mieux comprendre. Il semble inactif mais, en réalité, dans sa tête, les connexions s'effectuent pour qu'il puisse mieux saisir les concepts expliqués.

   Le rôle de l'adulte n'est pas seulement d'expliquer à l'aide de paroles, mais également de servir de modèle. En effet, l'enfant observera attentivement ce qu'il dit et ce qu'il fait pour ensuite tenter de l'imiter.

   L'enfant a besoin que le casse-tête soit complet dans sa tête : il doit connaître la signification et la raison d'une action, le temps et le lieu pour l'exécuter et finalement quelle technique utiliser.

2. S'exercer pour développer des automatismes

   L'enfant essaiera d'imiter l'adulte ou de suivre les consignes qu'il lui a données. Cette étape demande un effort mental important où la concentration est centrée uniquement sur cet apprentissage. En d'autres mots, l'enfant ne pourra exécuter deux actions de façon simultanée. Il s'exercera et s'exercera de nouveau pour éliminer le plus possible les erreurs liées à une nouvelle tâche et développer en même temps des automatismes. Faire de ses actions des automatismes diminue les efforts qui y sont rattachés.

3. Mettre en place les automatismes

   L'enfant sera désormais capable de produire une nouvelle tâche sans trop se concentrer. Il pourra ainsi canaliser son attention sur de nouveaux apprentissages, rendre plus complexes certains apprentissages ou faire deux tâches simultanément.

Un exemple pour mieux comprendre

Un enfant apprend à se brosser les dents. Il doit d'abord être capable d'associer le fait de brosser ses dents à l'action, donc de lui donner un sens (signification). Ensuite, il doit connaître l'utilité de son geste (la raison), puis savoir quand le faire, à quelle fréquence (le temps) et où (le lieu). Finalement, il doit savoir comment faire (la technique). Ces éléments constituent la première étape: connaître et comprendre.

Maintenant, il est capable de s'exercer pour se brosser les dents correctement. Il est concentré uniquement sur sa brosse à dents en oubliant l'univers qui l'entoure. Il exécute la tâche à plusieurs reprises pour tenter d'éliminer le plus possible les erreurs. Il se trouve alors dans la deuxième étape: s'exercer pour développer des automatismes.

Finalement, quand il est satisfait de la façon dont il brosse ses dents et que son environnement l'est aussi, il devient capable de se concentrer sur la technique pour se laver les mains (se concentrer sur de nouveaux apprentissages), d'apprendre à passer la soie dentaire (rendre plus complexe un apprentissage) ou de regarder la télévision en se brossant les dents (faire deux tâches simultanément). L'enfant est alors à la dernière étape : mettre en place les automatismes.

Lien avec la gestion de conflits

Il ne faut surtout pas attendre qu'il y ait un problème pour décider d'apprendre à l'enfant à gérer ses conflits. En effet, à ce moment-là les émotions gagneront sur le raisonnement et l'enfant ne sera donc pas en situation propice d'apprentissage.

Des exercices de réflexion et de mises en situation fictives devraient être faits régulièrement avec les enfants de la même façon que nous leur enseignons les nombres et leur symbolique avant de leur demander d'effectuer des calculs complexes. Ces mises en situation devraient faire appel à ce qu'ils vivent réellement dans leurs relations avec les autres. De plus, les étapes du processus d'apprentissage devraient être celles à suivre pour leur enseigner à gérer leurs conflits de façon autonome.

DEUXIÈME PARTIE

Chapitre 5

Programme d'intervention pour la gestion autonome de conflits chez les enfants

But du programme

Développer chez l'enfant sa capacité à gérer les conflits de façon autonome.

Description du programme

Dans de nombreux milieux éducatifs, une technique en quatre étapes est fréquemment enseignée aux enfants pour les aider à gérer et à résoudre leurs conflits de façon autonome.

1. J'ARRÊTE
2. JE RESPIRE

3. JE PENSE
4. J'AGIS

En tenant compte des caractéristiques développementales des enfants de 2 à 12 ans, j'ai mis sur pied une série d'ateliers qui leur permettent de mieux comprendre, d'assimiler et d'intégrer dans leurs gestes quotidiens ces quatre étapes en présence de conflits. L'adulte qui veut accompagner l'enfant peut lui expliquer les consignes et lui fournir des exemples concrets pour chacune des questions posées. Par la suite, les enfants de 6 à 12 ans peuvent consulter la fiche-ressource se rapportant à chacun des ateliers.

Structure du programme

Les objectifs et les activités du programme seront présentés en trois volets :

1. Objectifs et activités pour les enfants de 2 à 5 ans ;
2. Objectifs et activités pour les enfants de 6 à 12 ans ;
3. Objectifs pour les parents et les intervenants.

Objectifs généraux

Les objectifs généraux du programme sont issus des quatre grandes étapes de gestion et de résolution de conflits.

Pour les enfants de 2 à 5 ans et de 6 à 12 ans

Objectif général 1

« Je reconnais et j'identifie une situation de conflit. » (J'ARRÊTE)

Objectif général 2

« Je me calme en fouillant dans ma banque de ressources. » (JE RESPIRE)

Objectif général 3

« Je pense à tout ce qu'il y a derrière le conflit, mais aussi à tout ce qu'il y a devant. » (JE PENSE)

Objectif général 4

« Je choisis une solution et je l'applique. » (J'AGIS)

Pour les parents et les intervenants

Objectif général 1

Utiliser des attitudes positives et favorables au développement de la gestion autonome de conflits chez les enfants.

Objectifs spécifiques

Pour les enfants de 2 à 5 ans

Objectif général 1

« Je reconnais et j'identifie une situation de conflit. »

J'ARRÊTE pour :

- Objectif spécifique 1 : être capable de comprendre le sens du mot *conflit*.
- Objectif spécifique 2 : être capable de reconnaître une situation de conflit.
- Objectif spécifique 3 : être capable de comprendre le sens du mot *émotion*.
- Objectif spécifique 4 : être capable de reconnaître les émotions.

Objectif général 2

« Je me calme en fouillant dans ma banque de ressources. »

JE RESPIRE pour :

- Objectif spécifique 1 : être capable de distinguer les moyens acceptables et inacceptables de gérer mes émotions.
- Objectif spécifique 2 : être capable de comprendre le sens du mot *calmer.*
- Objectif spécifique 3 : être capable de trouver des moyens qui peuvent me calmer.

Objectif général 3

« Je pense à tout ce qu'il y a derrière le conflit, mais aussi à tout ce qu'il y a devant. »

JE PENSE pour :

- Objectif spécifique 1 : être capable de connaître le sens du mot *besoin.*
- Objectif spécifique 2 : être capable de reconnaître et d'identifier mes besoins.
- Objectif spécifique 3 : être capable de trouver des solutions acceptables pour gérer les conflits.

Objectif général 4

« Je choisis une solution et je l'applique. »

J'AGIS pour :

- Objectif spécifique 1 : être capable de connaître le sens des différentes compétences sociales.

Pour les enfants de 6 à 12 ans

Objectif général 1

« Je reconnais et j'identifie une situation de conflit. »

J'ARRÊTE pour :

- Objectif spécifique 1 : être capable de reconnaître et d'identifier une situation de conflit.
- Objectif spécifique 2 : être capable de reconnaître et d'identifier les émotions ressenties par moi et par les autres.
- Objectif spécifique 3 : être capable de reconnaître et d'identifier les sources de conflits.

Objectif général 2

« Je me calme en fouillant dans ma banque de ressources. »

JE RESPIRE pour :

- Objectif spécifique 1 : être capable de gérer mes émotions.
- Objectif spécifique 2 : être capable de trouver des moyens qui me calment.

Objectif général 3

« Je pense à tout ce qu'il y a derrière le conflit, mais aussi à tout ce qu'il y a devant. »

JE PENSE pour :

- Objectif spécifique 1 : être capable de distinguer les besoins des désirs.
- Objectif spécifique 2 : être capable de reconnaître et d'identifier les solutions du conflit et les réactions possibles.
- Objectif spécifique 3 : être capable de reconnaître et d'identifier les impacts positifs et négatifs du conflit.

Objectif général 4

« Je choisis une solution et je l'applique. »

J'AGIS pour :

- Objectif spécifique 1 : être capable de régler le conflit en utilisant mes compétences sociales.
- Objectif spécifique 2 : être capable de transformer le conflit en quelque chose de positif.

Pour les parents et les intervenants

Objectif général 1

Utiliser des attitudes positives et favorables au développement de la gestion autonome de conflits chez les enfants.

- Objectif spécifique 1 : être capable de décoder les émotions vécues par l'enfant.
- Objectif spécifique 2 : être capable de reconnaître les émotions que le comportement de l'enfant éveille en soi.
- Objectif spécifique 3 : être capable de décoder les intentions et les besoins de l'enfant.
- Objectif spécifique 4 : être capable de réorienter les actions de l'enfant.
- Objectif spécifique 5 : être capable de soutenir l'enfant.

Chapitre 6

Activités pour les enfants de 2 à 5 ans

Ce chapitre présente une série d'ateliers qui visent à atteindre chacun des objectifs généraux et spécifiques formulés au chapitre précédent. Ils ont été conçus pour des enfants de 2 à 5 ans, mais il est possible d'en appliquer certains aux enfants de 6 à 12 ans. Par ailleurs, l'adulte pourra en adapter ou en modifier le contenu afin de répondre à ses besoins.

Ces ateliers sont composés d'une petite histoire à raconter aux enfants et de discussions animées par l'adulte. Nous suggérons également de leur faire dessiner certaines situations ou de trouver des images à l'occasion.

Les histoires sont courtes afin de maintenir l'intérêt des petits. Leurs personnages sont des animaux, ce qui permet aux enfants de s'y identifier plus facilement et d'exploiter leur imaginaire.

Souvenons-nous que les enfants de 2 à 5 ans:

- cherchent à s'affirmer;
- essaient de faire les choses par eux-mêmes;
- ont besoin d'encouragement et d'approbation;
- sont en quête de découvertes;
- se trouvent dans la phase de la pensée symbolique;
- sont centrés sur eux et sur leurs besoins;
- ont de la difficulté à comprendre la distinction entre le bien et le mal;
- ne connaissent pas le sens des mots abstraits de natures affective et sociale;
- ne connaissent pas les moyens pour gérer leurs émotions.

Je reconnais et j'identifie une situation de conflit.

J'ARRÊTE pour:
Être capable de comprendre le sens du mot *conflit*.

- Demander aux enfants: « Selon toi, qu'est-ce qu'un conflit ? »
- Attendre un peu avant de suggérer des réponses pour leur laisser le temps de s'exprimer.
- Suggérer des réponses.

Voici quelques suggestions de réponses selon le niveau de compréhension des enfants.

Un conflit, c'est quand:

- deux amis se chicanent;
- deux amis veulent le même jouet et qu'ils tirent tous les deux dessus;
- un ami fait mal à un autre en lui donnant un coup ou en le mordant.

Ajouter des suggestions de réponses:

____

____

____

____

____

Histoire à raconter aux enfants

Nous suggérons d'utiliser de petites figurines ou des marionnettes pour mimer les actions devant les enfants.

Deux lapins, Lapi et Lapo, se promènent dans les bois. Ils ont faim, ils cherchent des carottes pour leur repas. Lapo trouve une carotte et commence à la manger. Lapi voit Lapo manger sa carotte et la lui enlève des mains. Lapo est en colère et frappe Lapi avec sa patte.

Voici quelques suggestions de questions à poser aux enfants.

- Est-ce que tu penses qu'il y a un conflit ?
- Quel est le conflit ?
- Pourquoi est-ce un conflit ?
- Qu'est-ce qui a déclenché le conflit ?
- Comment peut se sentir Lapi ?
- Comment peut se sentir Lapo ?
- Qu'aurait pu faire Lapi ?
- Qu'aurait pu faire Lapo ?

Proposer aux enfants de dessiner les personnages de cette histoire.

Je reconnais et j'identifie une situation de conflit.

J'ARRÊTE pour: Être capable de reconnaître une situation de conflit.

- Lire aux enfants les histoires suivantes.
- Après la lecture de chaque histoire, leur demander: « Est-ce qu'il y a un conflit ? » Leur demander d'expliquer leurs réponses.

Histoires à raconter aux enfants

Nous suggérons d'utiliser de petites figurines ou des marionnettes pour mimer les actions devant les enfants.

La poule veut jouer avec le chien. La poule demande au chien: « Est-ce que tu veux jouer avec moi? »

Explication de l'adulte: il n'y a pas de conflit, car la poule demande au chien s'il veut jouer avec elle.

Le chien veut jouer avec la poule. Ils sortent dans le champ et jouent ensemble au ballon.

Explication de l'adulte : il n'y a pas de conflit, car la poule et le chien jouent ensemble.

Le chien ne veut pas jouer avec la poule ; la poule pleure et donne un coup d'aile au chien.

Explication de l'adulte : il y a un conflit car, lorsque le chien refuse de jouer avec la poule, celle-ci pleure et lui donne un coup d'aile.

Le chien accepte de jouer avec la poule. La poule garde le ballon seulement pour elle. Alors, le chien saute sur le ballon et pousse la poule qui tombe par terre et se blesse.

Explication de l'adulte : il y a un conflit, car la poule garde le ballon pour elle seule et le chien saute sur le ballon en poussant la poule, qui se blesse.

Ajouter des suggestions d'histoires courtes et simples :

____

____

____

____

____

____

Proposer aux enfants :

- de dessiner les personnages de ces histoires ;
- de mimer et de jouer ces histoires ;
- de raconter ces histoires à l'aide de figurines.

Je reconnais et j'identifie une situation de conflit.

J'ARRÊTE pour: Être capable de comprendre le sens du mot *émotion*.

- Demander aux enfants: «Selon toi, qu'est-ce qu'une émotion?»
- Attendre un peu avant de suggérer des réponses pour leur laisser le temps de s'exprimer.
- Suggérer des réponses.

Voici quelques suggestions de réponses selon le niveau de compréhension des enfants.

Une émotion est ce que je ressens quand:

- je pleure;
- je ris ou je souris;
- je frappe un ami;
- je dis à maman que je l'aime.

Ajouter des suggestions de réponses:

____

____

____

____

____

Je reconnais et j'identifie une situation de conflit.

J'ARRÊTE pour:
Être capable de reconnaître les émotions.

- Lire aux enfants les histoires suivantes.
- Après la lecture de chaque histoire, leur demander: «Selon toi, quelle émotion ressent le personnage?»
- Discuter des situations, des signes visibles ainsi que des sensations qui se rattachent à chaque émotion.

Histoires à raconter aux enfants

Le canard pleure, car ses amis ne veulent pas jouer avec lui.

Explication de l'adulte: le canard est triste, il se sent seul. Nous pouvons croire qu'il est triste, car il pleure.

C'est la fête de M. Corbeau. Ses amis de la forêt lui ont préparé une grande fête. M. Corbeau a un grand sourire et se met à chanter.

Explication de l'adulte : M. Corbeau est heureux. Nous pouvons croire qu'il est heureux, car il a un grand sourire et se met à chanter.

Mme la chatte a le visage tout rouge. Elle dresse ses poils, car le chien lui a marché sur les pattes et lui a fait mal.

Explication de l'adulte : Mme la chatte est en colère. Nous pouvons croire qu'elle est en colère, car elle a le visage rouge et dresse ses poils.

Il est préférable de commencer avec ces trois émotions relativement simples avant de tenter de leur en apprendre de nouvelles.

Proposer aux enfants :

- de trouver, dans des livres ou des revues, des images de personnes qui vivent ces différentes émotions.
- de dessiner les personnages de ces histoires.

Leur demander s'ils se sont déjà sentis tristes, heureux ou en colère.

Je me calme en fouillant dans ma banque de ressources.

JE RESPIRE pour: Être capable de distinguer les moyens acceptables et inacceptables de gérer mes émotions.

- À partir des histoires de l'atelier 4 (voir à la page 49), demander aux enfants de donner des moyens acceptables et inacceptables de gérer ses émotions.
- Attendre un peu avant de suggérer des moyens pour leur laisser le temps de s'exprimer.
- Suggérer des moyens.

Voici quelques suggestions de questions.

Le canard pleure, car ses amis ne veulent pas jouer avec lui.

Qu'aurait-il pu faire d'acceptable ?

- Demander à ses amis de jouer avec lui.
- Jouer seul ou avec d'autres enfants en attendant que ses amis veuillent jouer avec lui.
- Prendre sa doudou.
- Pleurer seul dans un coin, sans déranger les autres.
- Qu'est-ce qu'il n'avait pas le droit de faire ?
- Briser les jeux de ses amis.

- Crier.
- Faire mal à ses amis.

C'est la fête de M. Corbeau. Ses amis de la forêt lui ont préparé une grande fête. M. Corbeau a un grand sourire et se met à chanter.

Qu'aurait-il pu faire d'acceptable ?

- Sourire et chanter.
- Donner des caresses à ses amis.
- Dire merci à ses amis.

Mme la chatte a le visage tout rouge. Elle dresse ses poils, car le chien lui a marché sur les pattes et lui a fait mal.

Qu'aurait-elle pu faire d'acceptable ?

- Demander au chien de s'excuser.
- Dire au chien que cela fait mal.
- Se retirer seul.
- Prendre un toutou et le serrer dans ses bras.
- Qu'est-ce qu'elle n'avait pas le droit de faire ?
- Faire mal au chien.
- Crier.
- Briser un jouet.

Je me calme en fouillant dans ma banque de ressources.

JE RESPIRE pour: Être capable de comprendre le sens du mot *calmer*.

- Demander aux enfants: « Selon toi, qu'est-ce que cela veut dire *se calmer* ? »
- Attendre un peu avant de suggérer des réponses pour leur laisser le temps de s'exprimer.
- Suggérer des réponses.
- Lire les histoires aux enfants.
- Après la lecture de chaque histoire, leur demander: « Est-ce que les personnages sont calmes ? Pourquoi ? »

Voici quelques suggestions de réponses selon le niveau de compréhension des enfants.

Me calmer veut dire que:

- je prends cinq grandes respirations;
- je vais dans le coin de relaxation ou sur une chaise;
- je veux me retrouver seul;
- je pense à quelque chose que j'aime bien.

Ajouter des suggestions de réponses :

Histoires à raconter aux enfants

- Le chien court dans la cour et hurle très fort.
- L'éléphant court et écrase le château de sable de la souris.
- La souris parle et lit un livre.
- Le cheval galope lentement dans les champs.

Ajouter des suggestions d'histoires courtes et simples :

Proposer aux enfants de dessiner les personnages de ces histoires.

Leur demander de donner des exemples de situations où ils sont calmes et des exemples de situations où ils ne sont pas calmes.

Je me calme en fouillant dans ma banque de ressources.

JE RESPIRE pour : Être capable de trouver des moyens qui peuvent me calmer.

- Demander aux enfants : « Quels moyens peux-tu prendre pour te calmer ?
- Attendre un peu avant de suggérer des moyens pour leur laisser le temps de s'exprimer.
- Suggérer des moyens.
- Prévoir si nécessaire un endroit spécifique où ils pourront aller se calmer en cas de besoin.

Voici quelques suggestions de moyens.

- Prendre cinq grandes respirations.
- Aller dans un endroit spécifique où il y a des toutous ou un coussin.
- Dessiner, faire un casse-tête, lire un livre, jouer au ballon, etc.

Ajouter des suggestions de moyens :

____

____

____

____

____

Je pense à tout ce qu'il y a derrière le conflit, mais aussi à tout ce qu'il y a devant.

JE PENSE pour:
Être capable de connaître le sens du mot *besoin.*

- Demander aux enfants: « De quoi as-tu besoin pour vivre ? » Avec les enfants de cet âge, ne pas faire la distinction entre les besoins et les désirs.
- Attendre un peu avant de suggérer des réponses pour leur laisser le temps de s'exprimer.
- Suggérer des réponses.

Voici quelques suggestions de réponses.

- De manger.
- De dormir.
- D'aller à la toilette.
- De m'habiller.
- D'avoir une maison.
- D'avoir des parents et des amis.

Ajouter des suggestions de réponses:

____

____

____

Je pense à tout ce qu'il y a derrière le conflit, mais aussi à tout ce qu'il y a devant.

JE PENSE pour: Être capable de reconnaître et d'identifier mes besoins.

- Raconter les histoires suivantes aux enfants.
- Après la lecture de chaque histoire, leur demander: « De quoi les personnages ont-ils besoin ? Comment peuvent-ils se sentir quand leurs besoins ne sont pas comblés ? »

Histoires à raconter aux enfants

- Le chien n'a pas mangé depuis deux jours.
- Le porc-épic n'a pas dormi depuis la nuit passée.
- L'oiseau n'a pas de nid.
- L'éléphant cherche une toilette.
- La souris est seule, elle n'a ni parents ni amis.

Nous suggérons de mettre l'accent sur les émotions que les personnages peuvent vivre et de décrire en termes concrets et observables les signes qui accompagnent ces émotions.

Ajouter des suggestions d'histoires courtes et simples :

Je pense à tout ce qu'il y a derrière le conflit, mais aussi à tout ce qu'il y a devant.

JE PENSE pour:
Être capable de connaître des solutions acceptables pour gérer les conflits.

- Demander aux enfants: « Qu'est-ce que tu ferais dans les situations suivantes? Et quelles émotions vivrais-tu dans les situations suivantes? »

  Voici quelques suggestions de situations.
- Un ami prend ton jouet.
- Un ami te mord, te pousse ou te tire les cheveux.
- Un ami ne veut pas jouer avec toi.
- Un ami ne veut pas te prêter un jeu.
- Un ami a le jeu que tu aimerais avoir.
- Un ami te dérange pendant que tu joues.
- Un ami défait ton bricolage.

  Ajouter d'autres suggestions de situations:

____

____

____

____

____

Je choisis une solution et je l'applique.

J'AGIS pour:
Être capable de connaître le sens des différentes compétences sociales.

- Prendre le temps de discuter avec les enfants et de leur fournir des exemples concrets pour chacune des compétences sociales. Comme nous l'avons vu, les enfants de 2 à 5 ans ont de la difficulté à comprendre le sens de mots abstraits comme *respecter, attendre son tour, partager.*
- Éviter de leur dire: « Fais comme il faut » ou « Sois gentil ». Ces paroles n'ont aucun sens pour eux. À cet âge, ils ont besoin d'exemples concrets de situations, par exemple: « Le respect, c'est quand tu parles doucement quand les autres amis dorment. »
- N'enseigner qu'un seule compétence sociale à la fois. Attendre que les enfants aient bien compris une compétence avant d'en intégrer une nouvelle.
- Les observer attentivement et dresser une liste des comportements qui font partie ou qui sont exclus de chacune des compétences sociales à enseigner.

Voici des exemples de comportements à partir du mot *respecter.*

Respecter, c'est :

- dire « s'il vous plaît » quand je demande quelque chose ;
- dire merci quand je reçois quelque chose ;
- être doux dans mes gestes et mes paroles avec les autres ;
- prendre soin de mes jouets et de ceux des autres ;
- parler tout bas à mes amis.

Respecter, ce n'est pas :

- crier ;
- pousser, mordre ou blesser un ami ;
- briser des jouets.

Cet exercice de réflexion peut sembler difficile pour l'adulte, car il est plus aisé de dire ce que n'est pas une compétence sociale que ce qu'elle est. Prendre le temps de réfléchir au sens que nous donnons aux compétences sociales en termes concrets est la base de toutes nos interventions auprès des enfants. Si nous expliquons seulement ce que n'est pas une compétence sociale, nous n'enseignons pas ce qu'elle est réellement. D'autre part, plus les enfants entendront des « ne...pas », plus ils comprendront et appliqueront les consignes contraires.

Avant de présenter l'atelier 1.1 aux enfants, il est souhaitable de se questionner sur ce qu'est et ce que n'est pas une compétence sociale selon nous. Il est préférable de commencer par « Ce n'est pas », étant donné que c'est plus facile, et ensuite de transformer ses réponses en un commentaire positif.

Compétence sociale : ____________________

Ce n'est pas... :

____

____

____

C'est... :

____

____

____

Compétence sociale : ____________________

Ce n'est pas... :

____

____

____

C'est... :

____

____

____

Compétence sociale : ____________________

Ce n'est pas... :

____

____

____

C'est... :

___

___

___

Compétence sociale : ___

Ce n'est pas... :

___

___

___

C'est... :

___

___

___

Compétence sociale : ___

Ce n'est pas... :

___

___

___

C'est... :

___

___

___

Chapitre 7

Activités pour les enfants de 6 à 12 ans

Ce chapitre présente une série d'ateliers qui visent à atteindre chacun des objectifs généraux et spécifiques formulés au chapitre 5. Ils ont été conçus pour des enfants de 6 à 12 ans, mais il est possible d'en appliquer certains aux enfants de 2 à 5 ans. Par ailleurs, l'adulte pourra en adapter ou en modifier le contenu afin de répondre à ses besoins.

Ces activités sont présentées sous forme de questions qui permettront à l'adulte de lancer des discussions avec les enfants. Des fiches-ressources sont jointes à chacune des activités pour fournir à ceux-ci des informations complémentaires.

Souvenons-nous que les enfants de 6 à 12 ans:

- cherchent à comprendre les règles;
- veulent que justice soit faite;
- accordent beaucoup d'importance aux relations qu'ils entretiennent avec leurs pairs;
- ont besoin de se sentir compétents dans ce qu'ils entreprennent;
- sont centrés sur eux et sur leurs besoins;
- accèdent à une pensée logique mais non abstraite;
- ne connaissent pas le sens des mots abstraits;
- ne connaissent pas les moyens pour gérer leurs émotions;
- ont de la difficulté à comprendre la distinction entre le bien et le mal.

Je reconnais et j'identifie une situation de conflit.

J'ARRÊTE pour : Être capable de reconnaître et d'identifier une situation de conflit.

1. Que veut dire le mot *conflit* pour toi ?

____

____

____

2. Fais une liste de conflits que tu as déjà vécus.

____

____

____

3. Fais une liste de conflits que tu as déjà vus.

____

____

____

4. Consulte tes amis, parents, éducateurs et enseignants pour compléter ta liste.

____

____

____

Je reconnais et j'identifie une situation de conflit.

J'ARRÊTE pour: Être capable de reconnaître et d'identifier une situation de conflit.

Définition du mot *conflit*

- Le mot *conflit* vient des mots *choc*, *lutte* et *combat*.
- Il signifie la rencontre de deux éléments ou sentiments contraires.
- Un conflit est une opposition entre des personnes ou des groupes.

Personnes avec lesquelles tu peux être en conflit

- Tes amis.
- Tes parents.
- Tes frères et sœurs.
- Tes enseignants et tes éducateurs.
- Des élèves de ton école.

Causes des conflits

- Ils ne veulent pas jouer avec toi.
- Ils ne veulent pas t'écouter ou tu penses qu'ils ne t'écoutent pas.
- Ils t'ont dit *non* pour quelque chose.
- Ils t'ont fait mal ou t'ont fait de la peine.
- Ils ont brisé un de tes jouets ou ont défait ton jeu.
- Ils ne pensent pas comme toi.

Je reconnais et j'identifie une situation de conflit.

J'ARRÊTE pour:
Être capable de reconnaître et d'identifier les émotions ressenties par moi et par les autres.

1. Selon toi, qu'est-ce qu'une *émotion* ?

____

____

____

2. Quelles sont les émotions que tu connais ?

____

____

____

3. D'après toi, est-ce qu'il y a des émotions positives et négatives ?

____

____

____

4. Consulte tes amis, parents, éducateurs et enseignants pour approfondir ta réflexion.

____

____

____

Je reconnais et j'identifie une situation de conflit.

J'ARRÊTE pour: Être capable de reconnaître et d'identifier les émotions ressenties par moi et par les autres

Définition du mot *émotion*

- État de conscience complexe, généralement brusque et momentané accompagné de signes physiques que l'on peut observer.

Liste d'émotions

- La joie.
- La colère.
- La tristesse.
- La déception.
- La peur.
- La fierté.
- La solitude.
- L'amour.

Il n'y a pas d'émotions positives ou négatives, il n'y a que des façons acceptables ou inacceptables de les montrer. Certaines peuvent par contre être plus difficiles à vivre et à contrôler. Il est normal de vivre toutes ces émotions à différents moments de sa vie. L'important n'est pas d'essayer de les éliminer pour ne plus les ressentir, mais plutôt de trouver des moyens pour bien vivre avec elles sans se blesser soi-même et sans blesser les autres.

Je reconnais et j'identifie une situation de conflit.

J'ARRÊTE pour:
Être capable de reconnaître et d'identifier les émotions ressenties par moi et par les autres.

1. Quels autres noms peut-on donner à la *joie* ?

____

____

____

____

2. Quels sont les signes physiques visibles chez une personne qui est joyeuse ?

____

____

____

____

3. Comment la personne qui vit de la joie peut-elle se sentir ?

____

____

____

____

4. Qu'est-ce qu'on peut avoir le goût de faire quand on est joyeux ? Mets un *A* à côté des comportements qui sont acceptables et un *I* à côté de ceux qui sont inacceptables.

____

____

____

____

____

____

5. Que pourrait faire d'acceptable une personne qui est joyeuse ?

____

____

____

____

____

____

6. Quelles sont les situations qui peuvent faire apparaître cette émotion ?

____

____

____

____

____

____

Trouve des photos de personnes joyeuses et colle-les sur ta feuille.

Je reconnais et j'identifie une situation de conflit.

J'ARRÊTE pour:
Être capable de reconnaître et d'identifier les émotions ressenties par moi et par les autres.

Définition du mot *joie*

Émotion agréable : on se sent bien.

D'autres noms que l'on peut donner à cette émotion

- Le bonheur.
- Le plaisir.
- La gaieté.
- Le fait d'être content.
- Le fait d'être heureux.

Les signes physiques

- Sourire.
- Rire.
- Avoir les yeux grands ouverts.
- Être calme.

Comment se sent la personne joyeuse ?

- Calme.
- Excitée.
- Libre.
- Légère.

Que peut faire la personne qui vit cette émotion ?

- Rire, sourire.
- Jouer.
- Se concentrer.
- Lire, parler.
- Écrire ce qu'elle ressent.
- Faire des activités qu'elle aime.

Les situations qui font apparaître cette émotion

- Tu assistes à une fête.
- Tu fêtes ton anniversaire.
- Tu reçois un cadeau.
- Tu as une permission spéciale.
- Tu es avec tes amis.
- Tu joues.

Je reconnais et j'identifie une situation de conflit.

J'ARRÊTE pour:
Être capable de reconnaître et d'identifier les émotions ressenties par moi et par les autres.

1. Quels autres noms peut-on donner à la *colère*?

____

____

____

____

2. Quels sont les signes physiques visibles chez une personne en colère?

____

____

____

____

3. Comment la personne qui vit de la colère peut-elle se sentir?

____

____

____

____

4. Qu'est-ce qu'on peut avoir le goût de faire quand on est en colère ? Mets un *A* à côté des comportements qui sont acceptables et un *I* à côté de ceux qui sont inacceptables.

5. Que pourrait faire d'acceptable une personne qui est en colère ?

6. Quelles sont les situations qui peuvent faire apparaître cette émotion ?

Trouve des photos de personnes en colère et colle-les sur ta feuille.

Je reconnais et j'identifie une situation de conflit.

J'ARRÊTE pour: Être capable de reconnaître et d'identifier les émotions ressenties par moi et par les autres.

Définition du mot *colère*

Violent mécontentement accompagné d'agressivité.

D'autres noms que l'on peut donner à cette émotion

- La rage.
- La fureur.
- L'irritation.
- Le fait d'être fâché.
- Le fait de faire une crise.

Les signes physiques

- Avoir le visage rouge.
- Avoir les poings fermés.
- Avoir la mâchoire tendue.
- Avoir les sourcils froncés.

Comment se sent la personne en colère ?

- Elle ne se sent pas bien.
- Elle a le goût de casser quelque chose ou de faire mal à quelqu'un.
- Elle se sent bouillir à l'intérieur.
- Elle se sent toute raide.

Que peut faire la personne qui vit cette émotion ?

Gestes inacceptables

- Crier.
- Dire des insultes.
- Blesser les autres.
- Briser des objets.

Gestes acceptables

- Trouver des moyens pour se calmer.
- S'éloigner des autres.
- Se changer les idées en faisant une activité qu'elle aime.
- Faire une promenade.
- Écrire ce qu'elle ressent.
- En parler à ses amis ou à des personnes en qui elle a confiance.
- Dire ce qu'elle ressent à la personne contre qui elle est en colère.
- Essayer de trouver ce qui l'a mise en colère.

Les situations qui font apparaître cette émotion

- Un enfant te dit des mots que tu n'aimes pas ou qui te blessent.
- Un enfant prend ce qui t'appartient.
- Tu as de la peine.
- Tu dois attendre.
- Les autres t'ignorent.
- Les autres te font mal.
- Tu ne te sens pas bon.

Je reconnais et j'identifie une situation de conflit.

J'ARRÊTE pour: Être capable de reconnaître et d'identifier les émotions ressenties par moi et par les autres.

1. Quels autres noms peut-on donner à la *tristesse* ?

____

____

____

____

2. Quels sont les signes physiques visibles chez une personne qui est triste ?

____

____

____

____

3. Comment la personne qui vit de la tristesse peut-elle se sentir ?

____

____

____

____

4. Qu'est-ce qu'on peut avoir le goût de faire quand on est triste ? Mets un *A* à côté des comportements qui sont acceptables et un *I* à côté de ceux qui sont inacceptables.

5. Que pourrait faire d'acceptable la personne qui est triste ?

6. Quelles sont les situations qui peuvent faire apparaître cette émotion ?

Trouve des photos de personnes tristes et colle-les sur ta feuille.

Je reconnais et j'identifie une situation de conflit.

J'ARRÊTE pour:
Être capable de reconnaître et d'identifier les émotions ressenties par moi et par les autres.

Définition du mot *tristesse*

Douleur ou insatisfaction à l'intérieur de soi qui nous empêche d'être heureux.

D'autres noms que l'on peut donner à cette émotion

- La peine.
- L'ennui.
- Le cafard.
- Le chagrin.

Les signes physiques

- Pleurer.
- Avoir les sourcils froncés.
- Avoir les yeux qui regardent vers le bas.
- Relâcher son corps (dos courbé, mains ballantes).

Comment se sent la personne triste ?

- Elle sent une douleur à l'intérieur d'elle.
- Elle se sent seule.
- Elle sent que rien n'est important.
- Elle se sent petite.
- Elle ne se sent pas importante.

Que peut faire la personne qui vit cette émotion ?

Gestes inacceptables

- Faire mal aux autres par ses gestes ou ses paroles.
- Briser des objets.
- Crier des insultes aux autres.
- Crier.

Gestes acceptables

- Pleurer.
- Parler de ce qui la rend triste et de ce qu'elle ressent.
- Écrire ce qu'elle ressent.
- Lire.
- Faire une activité qu'elle aime pour se changer les idées.
- Faire une promenade.

Les situations qui font apparaître cette émotion

- Tes amis ne veulent pas jouer avec toi.
- Tu es seul.
- Tu n'as pas réussi un examen.
- Tu n'as pas réussi dans une activité.
- Tu vois des gens se chicaner.
- Tu te fais chicaner
- Il pleut et tu ne peux pas jouer dehors.

Je reconnais et j'identifie une situation de conflit.

J'ARRÊTE pour: Être capable de reconnaître et d'identifier les émotions ressenties par moi et par les autres.

1. Quels autres noms peut-on donner à la *déception* ?

____

____

____

____

2. Quels sont les signes physiques visibles chez une personne qui est déçue ?

____

____

____

____

3. Comment la personne qui vit de la déception peut-elle se sentir ?

____

____

____

____

4. Qu'est-ce qu'on peut avoir le goût de faire quand on est déçu ? Mets un *A* à côté des comportements qui sont acceptables et un *I* à côté de ceux qui sont inacceptables.

5. Que pourrait faire d'acceptable la personne qui est déçue ?

6. Quelles sont les situations qui peuvent faire apparaître cette émotion ?

Trouve des photos de personnes déçues et colle-les sur ta feuille.

Je reconnais et j'identifie une situation de conflit.

J'ARRÊTE pour: Être capable de reconnaître et d'identifier les émotions ressenties par moi et par les autres.

Définition du mot *déception*

Sentiment causé par un désappointement, une frustration. Ressemble à la tristesse, mais la cause est soit quelque chose qu'on n'a pas réussi ou une attente qu'on avait et qui a échoué.

D'autres noms que l'on peut donner à cette émotion

- La frustration.
- La peine.
- Le désespoir.
- L'échec.

Les signes physiques

- Pleurer.
- Avoir les yeux qui regardent vers le bas.
- Relâcher son corps (dos courbé, mains ballantes).

Comment se sent la personne déçue ?

- Désespérée.
- Découragée.
- Elle perd confiance en elle-même.
- Elle ne fait plus confiance aux autres.
- Elle ne se sent pas bonne.

Que peut faire la personne qui vit cette émotion ?

Gestes inacceptables

- Lancer les objets.
- Briser les objets.
- Crier des insultes.
- Abandonner un projet.

Gestes acceptables

- Pleurer.
- Faire une promenade.
- Lire.
- Faire une activité qu'elle aime pour se changer les idées.
- Parler à ses amis, parents ou enseignants.
- Écrire ce qu'elle ressent.
- Essayer de nouveau.

Les situations qui font apparaître cette émotion

- Tu essaies quelque chose et tu ne réussis pas.
- Quelqu'un te dit qu'il va faire quelque chose et ne le fait pas.
- Tu as des plans qui ne fonctionnent pas.
- Un ami te dit qu'il va jouer avec toi et ne vient pas.
- Tu étudies pour un examen et tu ne le réussis pas.
- Tu t'entraînes dans un sport et tu ne gagnes pas.

Je reconnais et j'identifie une situation de conflit.

J'ARRÊTE pour : Être capable de reconnaître et d'identifier les émotions ressenties par moi et par les autres.

1. Quels autres noms peut-on donner à la *peur* ?

____

____

____

____

2. Quels sont les signes physiques visibles chez une personne qui ressent de la peur ?

____

____

____

____

3. Comment la personne qui ressent de la peur peut-elle se sentir ?

____

____

____

____

4. Qu'est-ce qu'on peut avoir le goût de faire quand on ressent de la peur ? Mets un *A* à côté des comportements qui sont acceptables et un *I* à côté de ceux qui sont inacceptables.

____

____

____

____

____

____

5. Que pourrait faire d'acceptable la personne qui ressent de la peur ?

____

____

____

____

____

____

6. Quelles sont les situations qui peuvent faire apparaître cette émotion ?

____

____

____

____

____

____

Trouve des photos de personnes qui ressentent de la peur et colle-les sur ta feuille.

Je reconnais et j'identifie une situation de conflit.

J'ARRÊTE pour: Être capable de reconnaître et d'identifier les émotions ressenties par moi et par les autres.

Définition du mot *peur*

Sentiment que l'on ressent quand on pense qu'il y a un danger. Ce danger peut être réel (il existe vraiment) ou fictif (il n'existe pas, mais je crois qu'il existe).

D'autres noms que l'on peut donner à cette émotion

- L'affolement.
- L'angoisse.
- La panique.
- La terreur.
- L'inquiétude.
- La crainte.
- La frayeur.

Les signes physiques

- Avoir les yeux grands ouverts.
- Avoir la bouche et les mains qui tremblent.

- Se tenir en petite boule ou avoir les épaules courbées.
- Placer ses mains sur sa tête ou devant son visage.
- Avoir les muscles tendus.

Comment se sent la personne apeurée ?

- Elle a de la difficulté à se concentrer.
- Elle sent que tout tremble à l'intérieur d'elle.
- Elle sent que son cœur bat très vite.

Que peut faire la personne qui vit cette émotion ?

Gestes inacceptables

- Crier des insultes.
- Blesser les autres.
- Briser des objets.

Gestes acceptables

- Pleurer.
- Écrire ce qu'elle ressent.
- Parler de ce qu'elle ressent.
- Lire.
- Faire une promenade.
- Faire une activité qu'elle aime.

Les situations qui font apparaître cette émotion

- Tu regardes un film d'horreur.
- Tu reçois des menaces.
- Quelqu'un te fait mal.
- Tu te sens seul.
- Tu ne réussis pas quelque chose.
- Tu a peur des chiens, des voitures, de la forêt, des araignées, des étrangers, etc.

Je reconnais et j'identifie une situation de conflit.

J'ARRÊTE pour: Être capable de reconnaître et d'identifier les émotions ressenties par moi et par les autres.

1. Quels autres noms peut-on donner à la *fierté* ?

2. Quels sont les signes physiques visibles chez une personne qui est fière ?

3. Comment la personne qui est fière peut-elle se sentir ?

4. Qu'est-ce qu'on peut avoir le goût de faire quand on est fier ? Mets un *A* à côté des comportements qui sont acceptables et un *I* à côté de ceux qui sont inacceptables.

5. Que pourrait faire d'acceptable la personne qui est fière ?

6. Quelles sont les situations qui peuvent faire apparaître cette émotion ?

Trouve des photos de personnes fières et colle-les sur ta feuille.

Je reconnais et j'identifie une situation de conflit.

J'ARRÊTE pour: Être capable de reconnaître et d'identifier les émotions ressenties par moi et par les autres.

Définition du mot *fierté*

Sentiment que l'on ressent quand on a réussi quelque chose. Le contraire de la déception.

D'autres noms que l'on peut donner à cette émotion

- Le contentement.
- La satisfaction.
- Le fait d'être heureux.

Les signes physiques

- Sourire.
- Avoir les yeux grands ouverts.
- Se tenir les épaules bien droites.

Comment se sent la personne fière?

- Légère.
- Invincible.

- Heureuse.
- Capable.
- Bonne, compétente.

Que peut faire la personne qui vit cette émotion ?

Gestes inacceptables

- Se vanter.
- Rabaisser les autres.

Gestes acceptables

- Dire sa fierté aux gens autour d'elle.
- Aider les autres pour qu'ils réussissent.
- Poursuivre ses projets pour aller encore plus loin.

Les situations qui font apparaître cette émotion

- Tu essaies quelque chose et tu réussis.
- Quelqu'un te dit qu'il va faire quelque chose et le fait.
- Tu as des plans qui fonctionnent.
- Un ami te dit qu'il va jouer avec toi et vient jouer.
- Tu étudies pour un examen que tu réussis.
- Tu t'entraînes dans un sport et tu gagnes.

Je reconnais et j'identifie une situation de conflit.

J'ARRÊTE pour: Être capable de reconnaître et d'identifier les sources de conflits.

1. Selon toi, qu'est-ce qui peut causer un conflit entre les gens ?

2. Joue au détective et trouve, en consultant les gens de ton entourage, le plus de causes possible de conflits.

Je reconnais et j'identifie une situation de conflit.

J'ARRÊTE pour:
Être capable de reconnaître et d'identifier les sources de conflits.

Les sources des conflits sont nombreuses. En voici quelques exemples que tu peux ajouter à ta liste.

- Deux personnes ont des perceptions ou des interprétations différentes d'une situation, c'est-à-dire qu'elles ne l'ont pas comprise de la même façon.
- Deux personnes n'ont pas les mêmes connaissances.
- Deux personnes n'ont pas les mêmes intérêts.
- Deux personnes ont des personnalités différentes.
- Quelqu'un te donne une mauvaise information.
- Tu vis des émotions très fortes.
- Il y a un manque de communication.
- Quelqu'un te blesse par ses paroles ou par ses gestes.
- Il y a beaucoup de bruit.
- Il n'y a pas beaucoup d'espace.
- Il n'y a pas assez de matériel ou de jouets.
- Tu es obligé de faire quelque chose qui ne te tente pas.
- Tes besoins ne sont pas comblés: tu as faim, tu es fatigué, tu as froid, etc.

Je me calme en fouillant dans ma banque de ressources.

JE RESPIRE pour:
Être capable de gérer mes émotions.

Tu dois bâtir une banque de ressources pour mieux gérer tes émotions. Tu peux faire de la recherche dans les livres, sur Internet ou encore consulter les gens de ton entourage.

1. Que peut-on faire d'acceptable quand on est joyeux?

____

____

____

____

2. Que peut-on faire d'acceptable quand on est en colère?

____

____

____

____

3. Que peut-on faire d'acceptable quand on est triste?

____

____

____

____

4. Que peut-on faire d'acceptable quand on est déçu ?

5. Que peut-on faire d'acceptable quand on a peur ?

6. Que peut-on faire d'acceptable quand on est fier ?

Je me calme en fouillant dans ma banque de ressources.

JE RESPIRE pour: Être capable de gérer mes émotions.

- L'émotion est le reflet du vécu intérieur.
- C'est le besoin satisfait ou insatisfait qui fait naître l'émotion.
- Il n'y a pas de bonnes ou de mauvaises émotions, il n'y a que de bonnes ou de moins bonnes façons de les exprimer.
- L'émotion est naturelle, instinctive; elle arrive sans que l'on puisse l'anticiper.
- Il est important de bien connaître et de reconnaître les émotions pour savoir comment tu te sens quand elles surviennent.
- Il est impossible de contrôler la présence des émotions; tu peux seulement les calmer et contrôler tes comportements.

Ce qui est le plus important quand tu ressens une émotion, c'est de ne pas te blesser toi-même, blesser les autres ou briser des objets.

Ce que tu dois apprendre, ce sont des moyens d'apprivoiser tes émotions et ainsi de trouver des moyens acceptables de les manifester.

Je me calme en fouillant dans ma banque de ressources.

JE RESPIRE pour: Être capable de trouver des moyens qui me calment.

Tu vas maintenant bâtir une banque de moyens qui calment tes émotions.

1. Quelles sont tes activités préférées ?

____

____

2. Est-ce que ces activités te calment ?

____

____

3. Quels autres moyens peux-tu prendre pour te calmer ?

____

____

4. Joue au détective et trouve, en consultant les gens de ton entourage, les moyens qu'ils prennent pour se calmer.

____

____

____

____

Je me calme en fouillant dans ma banque de ressources.

JE RESPIRE pour: Être capable de trouver des moyens qui me calment.

Les moyens de se calmer sont nombreux. En voici quelques exemples que tu peux ajouter à ta banque.

- Prendre de grandes respirations.
- Bouger ou faire des activités physiques ou sportives.
- Visualiser des choses positives, c'est-à-dire penser à quelque chose que tu aimes bien et essayer de voir cette image dans ta tête.
- Toucher ou manipuler des objets, par exemple une balle molle, de la pâte à modeler.
- Lire.
- Marcher.

L'important est de trouver des moyens qui te font plaisir. Tu dois choisir des activités que tu aimes et qui te permettent de te changer les idées et de te calmer.

Je pense à tout ce qu'il y a derrière le conflit, mais aussi à tout ce qu'il y a devant.

JE PENSE pour:
Être capable de distinguer les besoins des désirs.

1. Est-ce que tu vois une différence entre ce dont tu as besoin et ce que tu désires ?

____

____

____

____

2. Quels sont tes besoins ?

____

____

____

____

3. Quels sont tes désirs ?

____

____

____

____

4. Comment te sens-tu quand tes besoins ne sont pas comblés ?

5. Comment te sens-tu quand tes désirs ne sont pas comblés ?

Partage tes réponses avec tes amis.

Je pense à tout ce qu'il y a derrière le conflit, mais aussi à tout ce qu'il y a devant.

JE PENSE pour:
Être capable de distinguer les besoins des désirs.

Voici quelques éléments dont tu as absolument besoin pour vivre.

- Te nourrir.
- Te vêtir.
- Te loger.
- Aller à la toilette.
- Te sentir en sécurité.
- Sentir que les gens t'aiment.
- Aimer les autres.
- Avoir des amis.
- Sentir que tu es bon ou que tu peux réussir.
- Bouger.
- Faire des activités.
- Apprendre.

Un besoin non comblé crée un déséquilibre et fait naître une ou plusieurs émotions.

Quand ton besoin n'est pas comblé, tu cherches à le combler : c'est ce qu'on appelle un comportement.

Parfois, tu ne sais pas comment combler ton besoin, alors tu peux utiliser de mauvais moyens pour essayer de le combler.

Parfois, tu veux quelque chose qui n'est pas nécessairement un besoin : on dira que c'est un désir.

C'est correct d'avoir des désirs, mais il faut savoir qu'ils ne peuvent pas toujours être comblés.

Quand tes désirs ne sont pas comblés, il est possible que tu te sentes comme quand tes besoins ne sont pas comblés. Il est alors important d'essayer de voir si ce que tu veux est un besoin ou un désir.

Il peut arriver que tes besoins ou tes désirs ne soient pas compris par les gens de ton entourage. Il est alors important de les exprimer avec des mots.

Je pense à tout ce qu'il y a derrière le conflit, mais aussi à tout ce qu'il y a devant.

JE PENSE pour:
Être capable de reconnaître et d'identifier les solutions du conflit et les réactions possibles.

1. Choisis trois conflits que tes amis ou toi avez vécus. Tu peux utiliser les réponses de l'atelier 1 (voir à la page 67).

____

____

____

____

____

____

2. Donne le plus de solutions possible pour gérer et résoudre ces conflits.

Conflit 1

____

____

____

____

Conflit 2

____

____

____

Conflit 3

____

____

____

3. Pour chacun de ces conflits, donne des réactions que la personne impliquée peut avoir et que les personnes qui l'entourent peuvent avoir.

Conflit 1

____

____

____

Conflit 2

____

____

____

Conflit 3

____

____

____

Partage tes réponses avec tes amis.

Je pense à tout ce qu'il y a derrière le conflit, mais aussi à tout ce qu'il y a devant.

JE PENSE pour: Être capable de reconnaître et d'identifier les solutions du conflit et les réactions possibles.

Les gens réagissent de façons différentes face à un conflit. Voici quelques réactions que tu peux ajouter à ta liste.

- *Rivaliser:* la personne poursuit ses propres buts aux dépens des autres. Elle pense qu'elle a raison et que les autres ont tort.
- *Céder:* la personne néglige ses propres buts et intérêts pour satisfaire les besoins des autres. Elle pense que les autres ont raison et qu'elle a tort.
- *Éviter:* la personne préfère ignorer le conflit, s'en aller, oublier. Elle pense qu'elle n'a pas raison et que les autres non plus n'ont pas raison.
- *Collaborer:* la personne tente de poursuivre ses buts et de satisfaire ses besoins et intérêts tout en tenant compte de ceux de l'autre. Elle pense qu'elle a raison et que les autres ont aussi raison.
- *Faire des compromis:* la personne recherche une solution acceptable pour les deux parties. Souvent les buts, les besoins et les intérêts des deux personnes ne seront comblés qu'en partie, mais elles s'entendent

et acceptent cette situation. La personne pense qu'elle a en partie raison et que les autres ont aussi en partie raison.

En situation de conflit, les personnes peuvent jouer différents rôles et avoir des réactions variées. Voici quelques exemples.

- *La victime :* certaines personnes prennent un rôle de victime, c'est-à-dire qu'elles ne reconnaissent pas leur part de responsabilité dans le conflit. Elles pensent que tout est de la faute des autres ou que, quoi qu'elles fassent, rien ne se réglera. Pour elles, la cause du différend, c'est entièrement les autres. Cette réaction ne favorise pas une résolution de conflit positive.
- *Le collectionneur d'excuses :* certaines personnes réagissent en cherchant des excuses pour expliquer leur façon d'agir. Pour elles, la cause du conflit, c'est les excuses qu'elles collectionnent. On dit qu'elles sont orgueilleuses et qu'elles ne veulent pas admettre leur erreur. On affirme aussi qu'elles sont sur la défensive.
- *Le sauveur :* certaines personnes pensent que la raison du conflit, c'est que les autres ne font pas ce qu'elles veulent. Pour elles, la cause du conflit, c'est les autres. Elles les critiquent et les méprisent.

Il est impossible d'éliminer tous les conflits dans ta vie.

Il est impossible de gérer ou de résoudre tous les conflits de la même façon.

Le plus important, c'est que tu te sentes bien avec la façon dont le conflit se résout.

N'oublie pas que, pour chaque conflit, il existe une liste infinie de solutions possibles. Il n'y a pas qu'une façon de le résoudre.

Collaborer et faire des compromis sont les solutions à favoriser.

Je pense à tout ce qu'il y a derrière le conflit, mais aussi à tout ce qu'il y a devant.

JE PENSE pour: Être capable de reconnaître et d'identifier les impacts positifs et négatifs du conflit.

1. D'après toi, qu'est-ce qu'un conflit peut apporter de positif ?

____

____

2. D'après toi, qu'est-ce qu'un conflit peut apporter de négatif ?

____

____

3. Joue au détective et trouve, en consultant les gens de ton entourage, des réponses pour approfondir ta réflexion.

   Impacts positifs des conflits.

____

____

   Impacts négatifs des conflits.

____

____

Je pense à tout ce qu'il y a derrière le conflit, mais aussi à tout ce qu'il y a devant.

JE PENSE pour:
Être capable de reconnaître et d'identifier les impacts positifs et négatifs du conflit.

Les conflits ont des conséquences négatives, mais peuvent aussi avoir des effets positifs. Voici quelques exemples que tu peux ajouter à ta liste.

Les impacts négatifs du conflit

- Fait dépenser de l'énergie.
- Prend du temps.
- Viole les droits de l'une ou l'autre des personnes impliquées.
- Brise les relations.
- Brise la communication.
- Amène une perception négative de l'autre.
- Laisse des blessures.

Les impacts positifs du conflit

- Stimule l'énergie.
- Responsabilise.
- Renforce l'image de soi.
- Favorise la connaissance de soi et des autres.
- Améliore les relations avec les autres.

- Fait avancer les choses.
- Aide à préciser ce qui est important.
- Stimule l'innovation.

Je choisis une solution et je l'applique.

J'AGIS pour:
Être capable de régler le conflit en utilisant mes compétences sociales.

1. Que veut dire *partager*? Trouve un exemple concret.

____

____

____

2. Que veut dire *respecter*? Trouve un exemple concret.

____

____

____

3. Que veut dire *attendre son tour*? Trouve un exemple concret.

____

____

____

4. Que veut dire *coopérer*? Trouve un exemple concret.

____

____

____

5. Que veut dire *être généreux* ? Trouve un exemple concret.

___

___

___

6. Que veut dire *être à l'écoute* ? Trouve un exemple concret.

___

___

___

7. Que veut dire *être empathique* ? Trouve un exemple concret.

___

___

___

8. Que veut dire *faire preuve d'ouverture* ? Trouve un exemple concret.

___

___

___

9. Que veut dire *être positif* ? Trouve un exemple concret.

___

___

___

10. Que veut dire *être patient* ? Trouve un exemple concret.

___

___

___

Partage tes réponses avec tes amis.

Je choisis une solution et je l'applique.

J'AGIS pour:
Être capable de régler le conflit en utilisant mes compétences sociales.

- Les compétences sociales sont des habiletés que tu possèdes, ou que tu peux développer, et qui peuvent t'aider à résoudre les conflits avec les autres.
- Les compétences sociales s'apprennent comme tu apprends les mathématiques et le français.
- Les compétences sociales sont ce qui te permet de vivre en société, de fonctionner en groupe.

Voici quelques exemples de compétences sociales, leurs définitions ainsi que des exemples concrets pour les illustrer:

- Partager.

  Définition: séparer quelque chose que l'on aime avec quelqu'un ou le lui prêter.

  Exemple concret: Maxime prête ses crayons à son ami qui a oublié les siens. Martine partage sa pizza avec son amie en lui en donnant un morceau.

- Respecter.

  Définition: reconnaître et accepter que les autres puissent avoir des idées, des besoins et des intérêts différents des siens.

Exemple concret : Martin veut jouer au ballon. Julie n'aime pas le jeu de ballon. Alors, le garçon décide de jouer seul et laisse son amie jouer aux jeux qu'elle aime.

- Attendre son tour.

  Définition : accepter de ne pas toujours être le premier. Accepter que les autres puissent aussi avoir des besoins à combler.

  Exemple concret : Josée veut poser une question à son professeur. Celui-ci est occupé à donner des explications à un ami de la classe. Elle attend que son professeur soit disponible et, pour patienter, fait un autre travail.

- Coopérer.

  Définition : travailler avec quelqu'un ou en équipe en ayant un but commun. Partager ses idées et respecter l'autre.

  Exemple concret : le professeur demande de faire un travail en équipe. Chacun donne ses idées et fait une part égale du travail.

- Être généreux.

  Définition : avoir un grand cœur, donner même si on n'y est pas obligé. Donner des objets, mais aussi sa présence et son aide.

  Exemple concret : Marie a de la difficulté en mathématiques. Martin lui propose de l'aider. Il prend alors du temps à la fin des classes pour lui expliquer la matière.

- Être à l'écoute.

  Définition : regarder la personne dans les yeux quand elle parle, arrêter ce qu'on fait et s'intéresser à ce qu'elle nous raconte.

  Exemple concret : Julien parle à Kim. Celle-ci arrête de lire son livre, regarde Julien dans les yeux et écoute ce qu'il lui raconte. Elle lui pose aussi des questions pour vérifier si elle a bien compris.

- Être empathique.

  Définition : être capable de se mettre à la place de l'autre, de comprendre ses émotions et de voir avec ses yeux.

Exemple concret : Nicolas a de la peine, car ses parents se sont séparés. Daniel, son ami, l'écoute, comprend son émotion et essaie de lui changer les idées pour le faire sourire.

- Faire preuve d'ouverture.

  Définition : accepter que les autres puissent avoir des idées différentes des siennes.

  Exemple concret : Luc pense que jouer au hockey est bien plus amusant que de jouer au soccer. Bernard préfère jouer au soccer, mais accepte l'idée de son ami en se disant simplement que leurs intérêts sont différents. Luc demeure quand même son ami.

- Être positif.

  Définition : garder le sourire, persévérer, continuer son projet même s'il semble ne pas fonctionner. Croire qu'on est capable.

  Exemple concret : le professeur donne un travail de recherche à faire. Mélanie a peur de ne pas y arriver. Elle trouve le devoir compliqué, mais elle se dit qu'elle est capable de le faire. Elle se met à travailler avec un sourire.

- Être patient.

  Définition : savoir attendre.

  Exemple concret : Maxime adore les récréations et déteste le cours de mathématiques. Il travaille quand même fort dans le cours en attendant la pause.

Je choisis une solution et je l'applique.

J'AGIS pour:
Être capable de transformer le conflit en quelque chose de positif.

1. D'après toi, comment un conflit peut-il se transformer en quelque chose de positif ?

____

____

____

____

2. Joue au détective et trouve comment les gens de ton entourage pensent qu'un conflit peut devenir quelque chose de positif.

____

____

____

____

____

____

____

____

____

____

____

Je choisis une solution et je l'applique.

J'AGIS pour:
Être capable de transformer le conflit en quelque chose de positif.

Comme tu l'as vu dans les autres ateliers, tu peux avoir en toi:

- des émotions qui sont normales;
- des besoins à combler;
- des désirs que tu aimerais combler;
- des idées différentes de celles des autres;
- différentes réactions face à un conflit.

Tu as également pu constater que:

- les conflits peuvent avoir des impacts positifs et négatifs.
- il existe plusieurs façons différentes de gérer et de résoudre les conflits.
- tu dois utiliser tes compétences sociales pour gérer et résoudre les conflits.
- les conflits peuvent se transformer en quelque chose de positif si tu les acceptes et si tu essaies de trouver des moyens positifs pour les gérer et les résoudre.
- il faut affronter les conflits en te disant que ce sont des épreuves qui te feront grandir.

Les quatre étapes pour gérer et résoudre les conflits

1. Je reconnais et j'identifie une situation de conflit.
   - Je reconnais les émotions que je vis.
   - Je reconnais les émotions que les autres peuvent vivre.
   - Je reconnais la source du conflit.

2. Je me calme en fouillant dans ma banque de ressources.
   - Je trouve des moyens efficaces pour gérer mes émotions.
   - Je trouve des moyens efficaces pour me calmer.

3. Je pense à tout ce qu'il y a derrière le conflit, mais aussi à tout ce qu'il y a devant.
   - J'identifie mes besoins et ceux des autres.
   - Je distingue mes besoins de mes désirs.
   - Je connais les réactions possibles face à un conflit.
   - Je connais les impacts positifs et négatifs du conflit.
   - Je sais qu'il existe plus d'une solution à un conflit.
   - Je fais une liste de toutes les solutions possibles.

4. Je choisis une solution et je l'applique.
   - Je choisis une solution dans la liste que j'ai dressée.
   - Je l'applique en considérant les compétences sociales.
   - J'évalue les effets pour m'assurer que la solution a été efficace.

Chapitre 8

Les attitudes des parents et des intervenants

Les conflits sont naturels, inévitables et nécessaires. Ce serait irréaliste de souhaiter qu'il n'y en ait aucun. Notre but n'est donc pas de les éliminer puisque ce serait faire vivre l'enfant dans un monde très loin de la réalité. Nous souhaitons plutôt développer chez lui la capacité de gérer ses conflits de façon autonome.

L'important dans nos interventions est de favoriser l'apprentissage de nouveaux comportements ou de nouvelles attitudes. Au lieu de chercher comment punir, priver ou récompenser l'enfant, il est préférable de réfléchir sur les moyens à adopter pour l'amener à prendre conscience de ses actions et ainsi lui permettre de transformer ses expériences en occasions d'apprentissage.

Les cinq étapes de l'intervention

En cinq étapes, l'adulte peut aider, soutenir et accompagner l'enfant de façon positive. Celles-ci correspondent aux objectifs spécifiques présentés au chapitre 5 (voir à la page 40).

1. Décoder les émotions vécues par l'enfant

   L'adulte doit tenter de décoder les émotions que l'enfant a vécues avant, pendant et après la manifestation du comportement. Toutes les émotions sont normales et saines. Les comportements sont des moyens que la personne prend pour exprimer ses émotions et ils peuvent parfois ne pas être appropriés. Dans notre intervention, il est important de faire comprendre à l'enfant la distinction entre émotion et comportement. Plus il sera capable de préciser la nature de ses émotions, plus il lui sera facile de les exprimer adéquatement. Notre rôle est d'amener l'enfant à reconnaître le lien de cause à effet entre ses sentiments et ses comportements. Il doit découvrir que ses émotions sont légitimes, mais qu'il doit les exprimer de façon acceptable sans effet négatif pour lui-même ou pour les autres.

2. Reconnaître les émotions que le comportement du jeune éveille en nous

   Afin d'adopter des interventions constantes, cohérentes et objectives, il est essentiel de prendre conscience des émotions que les comportements de l'enfant fait naître en nous puisque nous intervenons en fonction des émotions que nous vivons.

3. Décoder les intentions et les besoins de l'enfant

   Certains comportements inappropriés chez un enfant comportent des intentions positives telles que faire plaisir, obtenir de l'attention, rendre service, etc. Ainsi, les adultes devraient chercher les intentions véritables qui se cachent derrière les comportements. N'oublions pas qu'un enfant de moins de 12 ans n'a pas une conscience morale très développée et que, par le fait même, ses intentions sont liées à des besoins. Pour cette raison, il ne manifeste habituellement pas de véritable méchanceté, il agit plutôt spontanément en réponse à des besoins qu'ils ressent.

4. Réorienter les actions de l'enfant

   Maintenant que nous croyons connaître (bien sûr, nous ne pouvons affirmer de vérité absolue à ce sujet) les émotions, les intentions et les besoins de l'enfant, nous pouvons l'aider en réorientant ses actions, c'est-à-dire agir de façon à ce que ses comportements soient appropriés.

5. Soutenir l'enfant

   Notre soutien à l'égard de l'enfant consiste à l'aider à développer des stratégies efficaces afin d'exprimer positivement ses émotions, ses intentions et ses besoins, mais aussi à évaluer ses actions. Donc, pour que nos interventions soient efficaces à long terme, les nouveaux comportements adoptés par l'enfant doivent être évalués par lui-même. Il doit pouvoir prendre conscience de l'écart entre les effets de ses comportements inappropriés et les impacts de ses actions appropriées. L'adulte est présent pour lui permettre de réfléchir sur ses actes.

Finalement, intervenir c'est non seulement parler et discuter avec l'enfant mais aussi observer, analyser et tenter d'interpréter ses comportements et nos émotions.

Les sept étapes de la crise

1. *Le calme:* rien ne se passe, tout va bien: les besoins comblés.

2. *L'activation:* un ou plusieurs facteurs touchent les besoins de l'enfant.

3. *L'agitation:* ces facteurs ainsi que le besoin insatisfait font naître des émotions chez lui.

4. *L'accélération:* l'enfant cherche une façon de combler son besoin, il explore son vécu pour trouver des moyens qui le satisferont. Ses émotions sont fortes et sa capacité de raisonner est réduite.

5. *Le point culminant:* le pic de la crise est la manifestation d'un comportement en vue de satisfaire son besoin. Ses émotions sont très fortes et sa capacité de raisonner est inexistante.

6. *La décélération:* c'est le calme après l'orage; elle se fait de façon graduelle. Les émotions s'estompent et la capacité de raisonner revient tranquillement.

7. *La récupération:* les émotions peuvent être vues de façon plus objective. Il y a une analyse consciente ou inconsciente de la situation: « Est-ce que le moyen utilisé m'a permis de satisfaire mon besoin ? »

Connaître les moments de la crise, c'est savoir quand et sur quoi intervenir. Les étapes 2, 3 et 4 peuvent se bousculer à un rythme incroyable, ne laissant pas la chance à l'adulte d'agir. Il faut donc se souvenir de quelques principes de base.

- À l'étape 1, au calme, les interventions sont très importantes. Il faut mettre l'accent sur la prévention, donc l'enseignement, sur les discussions et sur les mises en situation fictives. Les activités du programme d'intervention pour la gestion autonome de conflits chez les enfants devraient être faites à ce moment.

- Quand on peut cerner assez rapidement les besoins non comblés de l'enfant, il est possible d'en discuter avec lui à la 2e étape de la crise. Par contre, quand les autres étapes se bousculent trop rapidement, le mieux est d'assurer sa sécurité.

- Ainsi, de l'étape 2 à l'étape 6, nos interventions consistent essentiellement à éviter que l'enfant se blesse, qu'il blesse les autres ou qu'il brise les objets.

- Pendant le pic de la crise, à l'étape 5, il est inutile de tenter de discuter avec l'enfant: ses émotions sont trop fortes et il n'écoutera pas. Notre intervention vise alors à assurer la sécurité de l'enfant ainsi que celle de son entourage.

- À l'étape 7, l'intervention vise à effectuer un retour avec l'enfant sur l'origine de la crise et la façon dont il a manifesté ses besoins. Des signes physiques peuvent nous indiquer qu'il est enfin prêt à discuter, par exemple son visage devient moins rouge, sa respiration reprend un rythme normal et il nous répond de façon cohérente.

Découvrir sa bulle

Tout être humain est entouré d'une bulle invisible qu'il transporte avec lui partout où il va. Elle est le prolongement de sa personne physique. Quand les gens « entrent dans sa bulle », il peut se sentir agressé et être plus susceptible de provoquer un conflit. Notre bulle peut devenir plus grande ou plus petite selon le contexte dans lequel nous nous trouvons. Par exemple, sa grandeur est différente selon que nous sommes en présence des membres de notre famille, d'amis intimes ou d'étrangers.

Pour mesurer notre bulle, il suffit de nous placer face à une autre personne à une distance d'environ 3 m et de la faire avancer vers nous, de plus en plus près. Il est alors possible de connaître son étendue ainsi que les sensations que nous vivons quand on y entre.

Il peut être efficace de faire cet exercice avec les enfants en leur expliquant les principes de cette bulle qui nous entoure. Ainsi, ils pourront mieux comprendre et respecter celle des autres. Il est toujours surprenant d'entendre des enfants, même très jeunes, parler de leur bulle après avoir fait cette activité.

La recherche du coupable ou comment intervenir en situation de conflit

L'homme, un être social, a besoin du contact des autres humains. Ce contact lui permet de se connaître. En effet, sans les autres, il ne saurait pas qui il est. Par contre, ce contact lui fait aussi vivre inévitablement des conflits.

Les conflits trouvent souvent leur origine dans les différentes perceptions des gens. En effet, l'analyse de la cause de plusieurs conflits révèle que les deux parties tentent éperdument d'avoir raison. En écoutant la version de l'un et de l'autre, il peut être difficile de déterminer le responsable. Dans ces moments, l'être humain est en situation de survie : il tient à avoir raison, à ce que son point de vue soit considéré. Un procès serait souhaitable afin de trouver le véritable « coupable », si cela était seulement nécessaire. Le principe est le même dans nos interventions auprès des enfants : ne nous lançons pas dans la recherche du fautif. Chercher un coupable est tout simplement une perte de temps et d'énergie qui ne favorise pas la résolution positive de la situation conflictuelle.

Lorsque survient un conflit (la crise), l'être humain est rarement capable de raisonner : ses émotions (souvent la colère) et son instinct de survie (se protéger et protéger sa bulle) l'accaparent. La faculté de raisonner ne réapparaît qu'une fois la crise terminée, donc il est important de la laisser passer, autant chez l'enfant que chez l'adulte, puisque la personne impliquée ne sera pas réceptive au raisonnement. Une fois la crise terminée, il est important de régler le conflit sans accuser l'autre. Le truc est de parler au *Je*, d'exprimer notre perception de la situation et les sentiments nous avons alors ressentis. Lorsque les deux parties sont capables de s'expliquer de la sorte, ils évoluent vers une résolution positive de conflit.

Ensuite, il est essentiel d'accepter notre perception et nos émotions, mais également celles de l'autre. Cela ne signifie pas que nous avons raison ou tort puisque nous ne cherchons pas de coupable, mais bien des solutions afin d'éviter qu'une telle situation se reproduise. Finalement, une fois que chacun s'est exprimé, il faut chercher des moyens concrets, des solutions, afin que ce conflit se règle sans rancune et qu'il ait moins de risque de se reproduire.

Cette compréhension des conflits, de leur origine et de leur gestion est le travail de toute une vie, mais qui débute au niveau préscolaire. C'est d'ailleurs à cet âge que se forgent les fondements de la personnalité des enfants. Ils ont nécessairement besoin que nous les guidions et que nous leur fournissions les bons outils pour devenir des adultes équilibrés capables de résoudre positivement leurs conflits.

Avant tout, ce qu'il est important d'enseigner aux enfants, qui parfois cherchent un coupable, c'est de prendre conscience de leurs actions.

L'adulte doit orienter son intervention vers la réflexion. Voici en quelques étapes simples comment se sortir des éternelles excuses « C'est lui qui a commencé ! » ou « Ce n'est pas ma faute ! »

- Demander aux enfants de parler un à la fois. Laisser le premier répondre tout en rassurant le deuxième en lui disant qu'il aura son tour de parole.

- Demander au premier enfant ce qu'il a fait, les gestes concrets.
  - Quand il raconte comment c'est arrivé, lui répondre qu'on ne veut pas le savoir tout de suite.
  - Quand il dit que ce n'est pas sa faute, lui expliquer que ce n'est pas la question qu'on a posée.
  - Quand il se met à crier, lui demander de se calmer ou lui dire qu'on attend qu'il soit calme avant de parler.
  - Quand il dit que c'est l'autre qui a commencé, lui expliquer que ce n'est pas important pour l'instant, que ce qui compte, ce sont ses gestes concrets.

- Écouter chacun des enfants, à tour de rôle, raconter ses gestes. Ensuite, poser des questions comme :
  - Est-ce que tu penses que ton geste est acceptable ?
  - Pourquoi ?
  - Est-ce que tu penses que cela a pu blesser l'autre ?
  - Comment penses-tu que l'autre se sent ?
  - Que peux-tu faire pour réparer ton geste ?
  - Demander à l'enfant de réparer son geste.

- Passer à la prochaine étape qui consiste à connaître la source du problème. Essayer de cerner avec les enfants le déclencheur du conflit, les émotions qu'ils ont vécues, les comportements qu'ils ont adoptés.

- Trouver des solutions pour prévenir l'apparition d'un autre conflit de ce type.

Utiliser cette façon de procéder permet de séparer les faits des causes. Tenter d'abord de réparer les gestes permet aux enfants de se calmer et de laisser de côté leurs émotions. Ensuite, ils seront dans un état plus favorable pour analyser avec l'adulte la situation qui vient de se produire.

Chez l'être humain capable d'introspection, les conflits constituent une excellente façon de se connaître et de gérer ses émotions. Ils devraient être perçus comme des occasions d'apprentissage autant chez l'enfant que chez l'adulte. C'est pour cette raison qu'il faut se demander quoi faire avec les spectateurs. Les jeunes sont curieux et, quand l'intervenant se déplace pour aider des enfants à résoudre un conflit, ils vont s'approcher tout près comme pour regarder un spectacle. Le premier réflexe de l'adulte sera souvent d'envoyer les observateurs jouer ailleurs et d'intervenir seulement avec les deux enfants concernés. Par contre, tous sont en quelque sorte touchés par cette situation conflictuelle. Ils ont été témoins des déclencheurs et de l'escalade du conflit mais, dès qu'un adulte vient accompagner les protagonistes dans la gestion de la situation conflictuelle, ils doivent se retirer. N'est-ce pas un peu illogique? Éloigner les enfants témoins de l'événement suscitera chez eux des questions: «Que se passera-t-il maintenant? Comment vais-je faire si je vis une situation similaire? Quelle est la portée de leurs actions?» Autant d'interrogations qui resteront sans réponse dans la tête de l'enfant. Tôt ou tard, de façon consciente ou inconsciente, il cherchera les réponses à ses questions. Ainsi, il pourrait peut-être reproduire le comportement observé pour voir ce que l'intervenant a finalement fait une fois que lui, le témoin, a dû quitter la scène.

L'adulte doit par contre garder les observateurs à une bonne distance pour ne pas gêner la gestion du conflit. Ensuite, il doit leur interdire de faire des commentaires inutiles ou de s'ingérer dans le processus entamé. Il doit par ailleurs adopter une attitude désinvolte à l'égard des témoins dans le sens où il ne doit ni les inciter à devenir des spectateurs ni les éloigner de la scène. Finalement, l'intervenant doit juger chacune des situations conflictuelles et tenter d'évaluer si la présence de tiers aura un impact sur les enfants en situation de conflit. C'est à lui de juger, selon les connaissances qu'il possède sur les enfants de son groupe.

La créativité et la gestion de conflits

Le mot *créativité* tire son origine des mots latins *creare* qui veut dire « créer » et de *vita*, qui signifie « vie ». Nous pouvons donc définir la créativité comme étant l'art de créer la vie. C'est prendre le risque de faire les choses de façon différente. Elle implique donc une confiance en son potentiel.

La créativité est présente et essentielle dans plusieurs aspects de notre vie, particulièrement lorsque nous sommes confrontés à des difficultés. Elle suppose la capacité de penser à plusieurs idées différentes, même les plus farfelues, et de faire des associations pour arriver à une idée nouvelle. Une personne très créative ne sera jamais dépourvue. La créativité est une habileté très importante à développer chez les enfants, elle leur permet de réfléchir et de trouver des solutions différentes lorsqu'ils font face à un problème. Pour les aider à développer cette faculté, plusieurs stratégies sont possibles, en voici quelques-unes.

- Favoriser le sentiment de confiance chez l'enfant afin qu'il explore davantage son environnement.
- Lui laisser le temps d'expérimenter, ne pas être toujours derrière lui pour faire les choses à sa place. Le simple lavage des mains permet de voir quels moyens l'enfant prend pour arriver à ses fins. Le rôle de l'intervenant est de l'observer et de l'encourager à résoudre lui-même ses petits problèmes.
- Permettre à l'enfant de découvrir du matériel varié et de lui attribuer de nouvelles fonctions.
- Demander à l'enfant ce qu'il fait et comment il le fait. Cela lui permettra de s'approprier sa technique qui est en fait créative.
- Ne pas axer les activités sur le résultat, mais bien sur le processus. L'objectif premier du bricolage, par exemple, doit être d'expérimenter différents matériaux et non de produire un résultat final.

Quand les enfants gèrent de façon autonome leurs conflits

Quand les enfants sont capables de gérer adéquatement leurs conflits, le rôle de l'adulte est de superviser la gestion en s'assurant d'abord et avant tout qu'ils soient en sécurité et que la situation ne dégénère pas. Il doit également veiller à ce que les enfants impliqués se sentent bien dans la situation.

Pour faire correctement son travail, l'adulte doit observer discrètement la gestion de la situation conflictuelle. Puis, il doit aller voir chacun des enfants et leur expliquer qu'il a remarqué une situation de conflit qu'ils ont réglée par eux-mêmes. Il doit aussi profiter de cette occasion pour les féliciter : cela les aidera à conserver de bonnes attitudes.

Petit aide-mémoire pour les intervenants

- Il est impossible d'éliminer les conflits; nous ne pouvons qu'apprendre à mieux réagir lorsque nous en vivons un.
- Toute sa vie, l'enfant sera confronté à des situations conflictuelles. C'est en lui apprenant à gérer de petits conflits qu'il développera et maîtrisera les habiletés essentielles pour en régler de plus importants.
- L'enfant qui n'arrive pas à résoudre un conflit devient frustré, bouleversé et malheureux. Il risque d'adopter des comportements antisociaux qui lui causeront des ennuis, blesseront les autres et engendreront des mesures disciplinaires.
- Pour aider un enfant à résoudre ses conflits, il faut le guider pour qu'il puisse le faire par lui-même et non le faire à sa place.
- L'intervenant est un modèle important que l'enfant voudra suivre. Celui-ci doit donc adopter des attitudes positives dans la gestion de ses propres conflits.

Références

BERTHIAUME, D. (2004). *L'observation de l'enfant en milieu éducatif*, Montréal: Gaëtan Morin Éditeur.

CLOUTIER, R., GOSSELIN, P. et TAP, P. (2004). *Psychologie de l'enfant*, Boucherville: Édition Gaëtan Morin.

DUCLOS, G., LAPORTE, D. et ROSS, J. (1994). *Les grands besoins des tout-petits*, Les Éditions Héritage.

ESSA, É. (1990). *À nous de jouer: guide pratique pour la solution des problèmes des enfants d'âge préscolaire*, Québec: Les Publications du Québec.

HENDRICK, J. (1993). *L'enfant, une approche globale pour son développement*, Presses de l'Université du Québec.

HOHMANN, M., WEIKART, D. P., BOURGON, L. et PROULX, M. (2000). *Partager le plaisir d'apprendre*, Boucherville: Gaëtan Morin Éditeur.

KRUMBOLTZ, J. D. et BRANHORST-KRUMBOLTZ, H. (1993). *Comment intervenir auprès des enfants*, Éditions Saint-Yves Inc.

MANN, B. (2003). « Des coups aux paroles », *Interaction*, FCSGE.

MILLER, D. (1993). *L'éducation des enfants: une démarche positive*, Ontario: Éditions de L'Institut des technologies télématiques.

OLDS, S. W. et PAPALIA, D. E. (2005). *Psychologie du développement de l'enfant*, Montréal : Beauchemin.

ROYER, N. (1995). *Éducation et intervention au préscolaire*, Montréal : Gaëtan Morin Éditeur.

THOMAS, A. et CHESS, S. (1984). « Genesis and evolution of behavioral disorders : from infancy to early adult life », *American Journal of Orthopsychiatry*, 141 (1).

THOMAS, A., CHESS, S. et BIRCH, H. G. (1968). *Temperament and behavior disorders in children.* New York : New York University Press.

WARWICH, L. (2003). « Comportement agressif », *Interaction*, FCSGE.

Table des matières

RECYCLÉ
Papier fait à partir de matériaux recyclés
FSC® C021757
FSC www.fsc.org

MARQUIS
Marquis imprimeur inc.

Québec, Canada
2011

Imprimé sur du papier Silva Enviro 100% postconsommation
traité sans chlore, accrédité Éco-Logo et fait à partir de biogaz.

100%
PERMANENT
BIO GAZ ÉNERGIE